集团公司金融管控及效应研究

Research on Financial Management and Effect of Group Company

李国红 著

中国金融出版社

责任编辑：石　坚
责任校对：张志文
责任印制：张也男

图书在版编目（CIP）数据

集团公司金融管控及效应研究（Jituan Gongsi Jinrong Guankong ji
Xiaoying Yanjiu）/ 李国红著 . —北京：中国金融出版社，2017. 11
　ISBN 978 – 7 – 5049 – 9285 – 7

　Ⅰ. ①集…　Ⅱ. ①李…　Ⅲ. ①企业集团—金融管理—研究—中国
Ⅳ. ①F279. 244

中国版本图书馆 CIP 数据核字（2017）第 267254 号

出版
发行　**中国金融出版社**

社址　北京市丰台区益泽路 2 号
市场开发部　（010）63266347，63805472，63439533（传真）
网 上 书 店　http：//www.chinafph.com
　　　　　　　（010）63286832，63365686（传真）
读者服务部　（010）66070833，62568380
邮编　100071
经销　新华书店
印刷　北京松源印刷有限公司
尺寸　148 毫米 ×210 毫米
印张　6
字数　126 千
版次　2017 年 11 月第 1 版
印次　2017 年 11 月第 1 次印刷
定价　30.00 元
ISBN 978 – 7 – 5049 – 9285 – 7
如出现印装错误本社负责调换　联系电话(010)63263947

摘　　要

　　企业集团已成为现代企业的重要组织形式，并且产权关系链条日趋繁杂，集团内部管理尤其是财务管控问题，已经成为影响企业集团公司发展的主要瓶颈。企业集团必须充分利用资本市场、货币市场来获取金融资源，然后投资于实体产业，在商品市场中取得竞争性优势。对黄金产业而言，存在产业链延伸化、集群化、金融化的发展趋势，预期未来产量和资源将会进一步集中、整合，这需要足够的资金支持，从而使黄金的金融属性得到更充分的挖掘。黄金产业集团公司需要借助金融的手段来完成资源的集中和整合，需要借助金融市场来实现黄金的金融属性。因此，企业集团尤其是黄金产业集团公司如何有效运营金融资源，如何配置金融资源，从而充分发挥金融功能为集团的发展提供支撑，变得越来越重要。

　　本书在对金融管控相关理论进行梳理的基础上，结合企业集团金融管控的发展历程及现状，从资金管控、融资管控、资本运营管控、金融投资管控四个方面对企业集团的金融管控进行了规范研究和分析。在此基础上，进行了实证研究。首先对目标公司在财务公司中的持股比例与企业绩效之间的关系进行了实证研究。研究结果表明，在10%的显著性水平下，矿业类上市公司在

1

财务公司中的持股比例与公司绩效呈正相关关系。然后结合 SD-GOLD 集团案例，运用因子分析法，对 SDGOLD 集团金融管控在提升价值创造能力方面的效应进行了实证研究，结果显示：SD-GOLD 集团在实施金融管控后，在同行业中价值创造能力的地位得到提升，特别是资源规模指标和成长能力指标表现突出，金融管控对公司资源并购提供了强力的金融支撑。应用经济增加值指标对 SDGOLD 集团的价值创造能力进行了纵向比较分析，分析结果表明，SDGOLD 集团的 EVA 2012 年较 2008 年大幅提升。运用模糊综合评价法，对 SDGOLD 集团实施金融管控后的财务风险控制效应进行实证研究，结果显示：在 SDGOLD 集团自身经营性活动产生的现金流量无法满足资源扩张和项目建设需要的背景下，集团财务风险能够控制在一般层级，表明金融管控在调整资本结构、降低财务风险方面的作用凸显。

ABSTRACT

Enterprise group has become an important organization form of modern enterprise, and the chain of property right relationship is more and more complex, so the group internal management especially the financial management problems, has become the main bottleneck of the development of the enterprise group company. Modern enterprise must make full use of the capital market, currency market to obtain financial resources, and then invest in the industrial entities to gain a competitive advantage in the commodities market. Gold industrial chain has trends such as extension, clustering and financialization. The future production and resources expects to be further concentrated, and it requires adequate financial support. Financial attributes of gold will be more fully tapped. Gold industry group needs the financial means to complete the centralization and consolidation of mineral resources. It requires the help of financial markets to reveal the financial attributes of gold. It becomes more and more important that enterprise group especially the gold industry group efficiently operate and allocate financial resources to provide support for the development of the group.

On the basis of the combing of financial management theories combined with enterprise group financial management development history and current situation, normative research is made from aspects of capital management, financing management, capital operation control, financial investment management. Then the empirical study is conducted. First, the relationship between the shareholding ratio of the target corporation on its financial companies and enterprise performance has carried on the empirical research. The empirical results show that, in the 10% level of significance, mining listing corporation shareholding ratio in financial companies is in the positive correlation with the firm performance. Morever, factor analysis method is used to make an empirical study of SDGOLD Group's financial management in enhancing value creation capacity. After the implementation of financial management, the ability to create value raised, in particular the scale of resources indicators and growth capability. The Economic Value Added indicator of SD-GOLD Group's ability to create value for the longitudinal comparative analysis results show that, SDGOLD Group EVA 2012 compared to 2008 increased dramatically. Fuzzy comprehensive evaluation method is conducted to evaluate SDGOLD Group's financial risk. Although SDGOLD Group's cash flow generated from own business activities can not meet the demand of resource expansion and construction projects, the Group's financial risks are still controlled at the general level. The research result shows that financial management plays a prominen role in adjusting capital structure, and reducing financial risk previews.

目　　录

第1章 绪 论

1.1 研究背景与研究意义

1.1.1 研究背景

世界经济一体化进程加快，企业规模迅速扩张，发达经济体和新兴市场的大型企业的组织形式都逐渐向企业集团演变，企业集团在各类经济体中的比重不断提高，并发挥着主导作用。在市场经济国家，企业集团一般以成员单位之间的产权关系为纽带，在此基础上形成一个具有统一目标和发展方向的经济联合体，在市场竞争中整体优势明显。因为企业集团能够发挥协同效应和规模效应，其在资源的获取和运用方面具有其他组织形式不可比拟的优势。

企业集团的出现与发展在很大程度上推动了以美国、英国、德国和日本为代表的发达国家的工业化和经济发展。企业集团在各国的形式略有不同，美国为垄断财团，德国为康采恩（Konzern），日本为财阀系统（Keiretsus），韩国为财阀（Chaebols）。理论和实践均表明，由于现代企业的发展在核心竞争力尤其是技术创新方面需要巨额投入，只有大型的、多元化经营的跨国公司才能在全球竞争中生存和发展。中国经济改革促进了企业集团的诞生和壮大。在研究和借鉴西方经济发展经验时，国内改革者认识到国内经济改革的方向和基础是扶持和发展多元化经营的企业集团。因此，中国企业集团的形成并非是市场竞争的直接结果，更多的是政府引导和干预的产物。企业是市场经济的基础，因而政府认为经济保持长期可持续发展的基础和保障就是企业集团（Keister，2000）。国内理论界和实业界均认为企业集团能够最大限度地发挥规模经济效应，产生协同效应，实质上是由于企业提高了价值的创造能力，从而保持企业之间良性有序的竞争，最大限度地降低了企业对政府的依赖，确保企业在国际竞争中存在优势。国内企业集团存在的突出问题是内部协调机制不健全，资源无法在内部自由流通，其根源在于总部功能不强、集分权关系不合理。

国内专家学者在研究近代经济发展中，均注意到企业集团的发展对本国经济发展和国家竞争能力的提高都发挥着积极的推动作用。同时研究人员也发现，企业集团发展中存在着有待解决的难题——多层级主体之间的利益冲突与协调，随着企业集团的发展，集团管控问题日益突出。与非集团性企业相比，集团公司经营呈现多元化、规模化趋势，集团总部在战略执行方面面临着复杂多变的内外环境，集团公司管控问题已经成为企业集团这一大型企业主导组织形式进一步发展的巨大挑战。特别是日益错综复杂的产权关系对集团管控提出了更高的挑战，集团公司管控特别是财务管控的效应将决定这一组织形式的发展方向。20 世纪 40年代，W. H. Lough 开始对财务管控进行研究，并提出企业财务有效管理理论。此后对企业集团财务控制的研究成为西方经济学家研究的重点领域，并且研究理论不断完善，研究成果丰硕，过去的研究集中于硬性监控，近年经济学家更加关注人的因素在财务管控中的决定作用。国外研究结果是建立在西方资本主义制度和经济环境基础上的，而我国的社会与经济制度与西方有着实质性差异，经济制度与环境有着独特性，西方成熟的理论不一定适用于我国特定的制度与环境。为此，我国学者也将企业集团财务管控纳入研究范围，然而，目前的研究并没有注意到金融资本在企业集团财务管控中的作用。对国内外大型企业而言，金融是一种重要的、不可或缺的资源。金融资本以产业资本为基础，同时其对产业资本功能起着加速器和放大器的作用，能够显著加快产业资本的流转，放大产业资本的功能。尤其是在经济关系日趋金融化的背景下，企业集团尤其是黄金产业与金融的关系日益密切。因此，本书拟研究企业集团金融管控，并结合国内黄金产业集团分析其金融管控的具体实施和财务效应，从而促使企业集团尤其是黄金产业集团公司有效运营金融资源、配置金融资源，进而充分发挥金融功能，为集团的发展提供支撑。目前，国内对金融管控的研究尚不成体系，研究方向主要偏重于企业集团的资金集中管理。本书从企业集团资金管控、融资管控、资本运营管控和金融投资管控四个方面对企业集团金融管控进行了系统的分析，并以山东黄金集团（以下简称 SDGOLD 集团）为案例进行分析，揭示 SDGOLD 集团金融管控的演变历程，提炼其金融管控的实践经验做法，指出存在的不足和改进的方向，并对 SDGOLD 集团金融管控的效应进行实证研究，以期能对包括黄金企业集团在内的矿业集团公司挖掘金融资源，增强金融资源效能，从而迅速积聚矿产资源，建立竞争优势，提供较强的参考和示范意义。

1.1.2　研究意义

通过研究世界各国经济发展史，我们可以看出，企业集团的出现是一个国家的经济发展到一定水平的必然产物。我国经济经过 30 余年的高速发展，已经具有出现企业集团的基础，特别是企业集团能够满足经济发展转轨期的需要，能够支持国民经济的长期和可持续发展。国内企业集团形成的社会经济制度与西方不同，这决定了我国的企业集团与西方国家相比具有一些不同的特点。因此，研究我国集团化企业的金融管控模式适应了理论和实业的发展方向。其重要的理论与现实意义主要表现在以下几个方面。

1. 理论意义

目前国内外主要关注企业集团财务管控问题，很多学者从不同的视角，运用不同的理论和研究方法对相关问题进行了深入研究。然而，目前国内研究并没有注意到金融资本在企业集团财务管控中的作用，因而对金融管控的研究尚处于规范性研究的摸索阶段，相关理论研究并不完全成熟。本书的研究是基于前人的研究成果，汇总、梳理企业集团管控的相关理论，作为研究金融管控的基础理论。本书从企业集团资金管控、融资管控、资本运营管控和金融投资管控四个方面对企业集团金融管控进行了系统的分析，对集团公司在金融资本的管理和控制两个方面的结合进行了重点研究。同时，通过进行实证研究，检验了金融管控的效应。

2. 现实意义

理论来源于实践又指导实践。国内企业集团在金融管控方面进行了积极的探索和尝试，但在实践中也出现了一些问题，使其不能满足企业集团规模扩展和多元经营的要求。因此，集团公司金融管控的研究对提高企业集团财务行为的合规性、财务风险识别和应对能力，以及实现母子公司之间的协同效应都具有积极意义，从而更能促进集团公司达成其战略目标。

1.2 核心概念界定

1.2.1 企业集团

企业集团源于 19 世纪末 20 世纪初的垄断财团，"企业集团"一词在日本最早出现。在《经济辞典》（金森六雄、荒宪治郎和森口亲司，1986）中认为企业集团是"在资金融通、人员管理、材料采购、产品销售和技术研发等方面密切合作的相互持股的多个独立企业的联合体"。欧美等西方国家将企业集团称为跨国公司或大企业，企业集团这一概念未普遍使用，对企业集团的含义也未予以明确。在我国，"企业集团"的概念也经历了一个比较漫长的发展和演变的历程，20 世纪 80 年代，经济体制初步改革时期的企业横向经济联合体是企业集团的雏形。直到 1986 年 3 月，国务院《关于进一步推动横向经济联合若干问题的规定》的颁布促使我国第一次正式出现"企业集团"这一名称。按照现有研究，我国企业集团的形成存在三种路径：第一种是行政机构演变途径，它主要依靠政府的力量，由原来的行政机关演变而来，这主要集中在自然垄断行业以及军工行业；第二种是联合重组途径，在规模经济效应显著的行业，不同企业之间在政府的协助下合并重组；第三种是市场自发途径，在民营经济占比较大的竞争性行业，在市场竞争压力下主动结合。

目前，国内外对企业集团的概念仍然不统一，含义界定不清，导致相关的学术研究受到严重困扰。日本作为"企业集团"概念的起源地，相关学者对"企业集团"的定义进行了界定，但含义仅限于经济、技术和生产的结合，缺乏对产权问题的关注。20世纪90年代以来，我国众多学者对企业集团概念也进行了表述，一般从企业集团的产权特征、组织结构形式及特征方面予以界定。其中广为学术界所接受的是1998年国家工商行政管理总局发布的《企业集团登记管理暂行规定》，该规定将企业集团界定为以资本为主要联结纽带的母子公司为主体，以集团章程为共同行为规范的母公司、子公司、参股公司及其他成员企业或机构共同组成的具有一定规模的企业法人联合体。

有关企业集团的定义，学术界并未达成一致。但都认为企业集团的基本特征是多法人实体组成的企业联合体，联合体以产权关系为主要纽带，同时还有经济交易等多重联结。各种定义都明确界定了企业集团与单一企业相比体现的两大基本特征：第一个特征是成员企业通过产权、董事会成员、产品等纽带相互联结；第二个特征是企业集团存在一个共同的核心企业，即集团母公司或总部，该核心企业对成员企业间的利益和资源分配进行协调。因此，本书认为，企业集团是以核心企业为轴心，通过资本或产品等纽带联结形成的企业联合体，该联合体存在多个层级、多个法人。如专业化集团公司、多元化集团公司等。企业集团组织的实质就是实现对生产要素在联合体范围内的重组、配置。企业集团既要受外部市场机制的约束，在内部又具有自我调控的作用，兼具市场和企业两种属性，具有多法人结构、多层级结构、多种联合方式、规模大、经营多元化等主要特征。

1. 2. 2　管理控制

在企业集团的管理体系中，管理控制处于中心地位，是企业集团管理体系的基本。早期的管理控制是作为管理的一种职能出现的，它作为一个闭环的流程或系统，实质上是一个控制体系，目的是确保组织的各项活动均以组织的整体目标为核心。狭义的管理控制是作为内部控制的组成部分出现的，与会计控制共同构成内部控制。内部控制的概念第一次出现是在 1947 年 AICPA（美国注册会计师协会）下属审计程序委员会颁布的《审计准则暂行公告》中。20 世纪 40 年代后，管理控制与会计控制逐步结合，形成密不可分的关系，共同构成内部控制体系；会计控制致力于提高经营的安全性与信息披露的准确性，管理控制的重点在于提高企业经营效率，确保企业的管理原则和具体指导得到有效遵循。1965 年，Anthony 第一次把管理控制与企业的战略规划和运营控制区别开来，从此管理控制作为一个独立的研究领域出现。Anthony（1965）认为管理控制是处于战略规划和运营控制之间的一个单独的过程或体系，该阶段管理者致力于高效率地占有和利用各种资源，以促进企业经营目标的实现。1971 年，Lowe 认为管理控制是"一种为组织信息而设计的系统，该系统负责信息的搜寻、整理、沟通和反馈"，目的在于确保企业能够对外部环境变化迅速作出响应，确保员工的行为符合整体目标分解而成的分目标，协调整体目标和分目标之间的分歧和冲突。1998 年，Anthony 将管理控制的定义修正为"管理者采取各种活动影响组织成员，该过程中的活动包括计划制订、协调、信息沟通、施加影响，目的是确保企业战略与组织目标的实现"。

长期以来，管理控制权变因素和行为因素是西方管理控制理论研究的两个方向和主线，并使管理控制的概念随着内外部环境的变化与发展不断进行调整。本书认为企业的管理控制的实质是依据组织整体目标，企业各级管理者对组织成员通过制订计划、沟通信息等手段施加积极影响以达成战略目标的动态过程。管理控制的主体是企业董事会、各层级管理者，他们承担着对组织的管理控制责任。各个层级的管控主体均受到统一的企业管控框架的指导和约束，他们采取各种手段来发挥企业集团的协同效用，促进集团管控系统自我完善，通过落实各层级目标来贯彻落实企业整体战略目标。

作为多层级法人构成的企业联合体，管理控制是整个企业集团管理架构和体系的基石和核心。企业集团管理控制是由各个管理要素组成的内在的统一体系，各要素之间具有紧密、互动的联系，它能够积极吸纳外在因素的影响并作出相应改变，并能够将各种内在因素加以集成和关联，使之成为一个具有自我成长机制的开放系统。企业集团管理控制的目标是多重的、多层级的，但其根本和主要目标是整体利益和长远利益的最大化。集团总部管控系统是企业集团这一组织体系的核心，根据系统运行理论，母公司对子公司系统的管控是企业集团管理控制的主要活动。因此，本书认为，母公司凭借产权纽带对成员企业施加有效影响，确保企业集团建立高度一致的战略目标、合理的组织架构、科学的利益分配的运行系统，这就是企业集团的管理控制。

1.2.3 金融管控

对于金融的概念，国内外学者从不同的角度进行了研究和定义，没有一个统一的概念。但对金融的本质认识是一致的，金融根源于信用交易，将社会零散的资金通过各类信用手段集合起来。

金融的最初定义是企业融通发展需要的资金，因此金融的一端是企业，另一端是市场。金融行业存在的基石是工商企业，金融行业发展的外部环境则是市场。从企业的角度看，金融的概念有对内、对外两种，对内来讲，就是将集团分散在各家所属单位的资金集中起来，调剂相互之间的余缺。对外来讲，就是作为市场主体，参与到金融市场，从市场上融通资金，并将闲置资金投放到市场。

管控一词侧重于控制管理活动，是指一个组织通过设计合理的组织机构、业务流程、激励约束机制来确保员工按照企业文化和管理制度执行和控制管理活动。管理是指企业管理者通过组织、领导、协调、计划等一系列活动，实现一个组织的最优资源配置和最高运作效率的行为。与管理相比较，管控还有控制的意思。国外学者安东尼对管控界定如下：管理者为提高资源占有和运用的效率和效果而采用的活动，并将管控区分为战略规划、管理活动控制和业务操作控制三个层级。

企业集团的金融管控就是建立一套金融活动的运行机制，实现企业金融资源的最优获取、最优配置和最高运作效率。资金、融资、资本运营、金融投资都是金融管控的对象和内容。

1.3　研究思路与研究内容

1.3.1　研究思路

本书基于金融资本在企业集团财务管控中的作用，综合运用委托代理理论、交易费用理论、内部资本市场理论和企业价值与价值创造理论的成果，沿着"文献综述—制度背景与理论分析—实证研究—结论及启示"的研究路线，对选题进行了研究。具体而言，本书首先对研究涉及的理论基础进行了回顾，接着对集团金融管控相关文献进行了综述；其次，在从企业集团资金管控、融资管控、资本运营管控和金融投资管控四个方面对金融管控的发展历程进行梳理的基础上，对我国集团公司金融管控的模式及其现状进行分析；再次，对集团公司金融管控的财务效应进行实证检验；最后，以 SDGOLD 集团为研究案例，从资金管控、融资管控、资本运营管控和金融投资管控四个方面对 SDGOLD 集团金融管控的发展现状进行剖析，并对其资本运营管控和金融投资管控的效应进行更细致的检验，以期能够更好地约束企业集团的财务行为，提高财务报告的真实性，有效识别及应对财务风险，从而发挥成员单位间的协同作用，最终实现企业集团整体战略发展目标。

1.3.2 研究内容

全书分为七章，每章内容如下：

第 1 章，绪论。主要在分析研究背景的基础上阐述了本书所研究问题产生的背景和依据，介绍了本书的研究意义、研究内容和研究框架，说明本书所采用的研究方法和技术路线，并概括了本书的创新之处。

第 2 章，理论基础与文献综述。本章采用文献研究法对与本书相关的理论和现有研究成果进行总结和述评，为本书的研究内容、研究思路、研究假设的提出提供理论依据和支撑。简述了本书研究的理论基础，包括委托代理理论、交易费用理论、内部资本市场理论和企业价值与价值创造理论；回顾和总结了企业集团金融监管的相关研究。

第 3 章，金融管控的制度背景及其发展分析。从资金管控、融资管控、资本运营管控和金融投资管控四个方面对金融管控的发展现状进行剖析，重点分析了国内财务公司功能定位及现状。

第 4 章，金融管控与企业绩效关系研究。实证研究目标公司在财务公司中的持股比例与企业绩效之间的关系。参照财政部等四部委联合颁布的企业绩效评价体系，运用主成分分析法，从总资产报酬率、净资产收益率、销售利润率、总资产周转率、流动资产周转率、资产负债率、流动比率、产权比率、总资产增长率、主营业务收入增长率、净利润增长率中提取出 4 个主成分，以各主成分方差贡献率为权重，加权得到矿产资源类上市公司绩效评价指标。在此基础上，对矿产资源类上市公司绩效进行评价，将评价结果作为因变量，目标公司在财务公司中的持股比例作为自变量，运用 SPSS 18.0 软件进行多元回归并进行统计显著性检验。

第 5 章，SDGOLD 集团金融管控分析。重点分析了 SDGOLD 集团财务公司对资金的管控；对 SDGOLD 集团的融资管控进行研究，指出存在的问题与改进的措施；在回顾 SDGOLD 集团资本运营的基础上，对 SDGOLD 集团资本运营管控效果进行分析，指出存在的问题与改进的方向及具体措施；结合黄金产业集团的特点，着力于黄金金融属性的发挥，研究 SDGOLD 集团金融投资管控的动因、挑战与发展方向。

第 6 章，SDGOLD 集团金融管控效应实证研究。运用因子分析法比较了 SDGOLD 集团 2008 年和 2012 年的价值创造力在同行业中地位的变化，然后采用 EVA 指标对 SDGOLD 集团 2008 年和 2012 年价值创造能力进行了纵向对比分析，分析了 SDGOLD 集团金融管控价值创造效应；采用模糊综合评价法，从偿债能力、发展能力、营运能力、盈利能力和现金流量能力五个方面的 20 项指标构建评价模型，结合 SDGOLD 集团发展战略、资金短缺的现状对金融管控财务风险控制效应进行了实证研究。

第 7 章，总结与展望。对本书的研究内容进行了总结，提出了研究的结论，对 SDGOLD 集团金融管控的发展前景进行了展望。

1.4　研究方法与技术路线

本书采用理论研究与实证分析、定性分析与定量分析，运用产业经济学、新制度经济学、财务管理的相关理论，对金融管控的主要内容、发展历程及其效应理论与实证分析，并以 SDGOLD 集团为案例，对 SDGOLD 集团金融管控进行了探索和研究，针对金融管控实践中的功能狭窄、管控体系不健全等问题，提出了解决建议。

1.4.1 研究方法

1. 理论逻辑分析

为了系统研究企业集团金融管控及其效应，收集和查阅了国内外大量相关文献资料并对相关文献资料进行了整理、分析，形成具体的研究思路。并结合使用归纳法和演绎法的理论分析手段，通过对相关文献和相关理论进行归纳总结，从分散的研究成果中总结和构建一个分析企业集团金融管控的研究框架。

2. 因子分析法

从资源储备、融资能力、盈利能力和成长能力四个方面选取涵盖了决定或反映矿业公司价值创造能力的主要财务指标和非财务指标，构建集团公司价值创造力评价指标体系，采用因子分析法通过 2008 年和 2012 年 SDGOLD 集团在同行业中价值创造力的地位的变化来研究金融管控效应。

3. 综合模糊评价法

从偿债能力指标、发展能力指标、营运能力指标、盈利能力指标和现金流量能力指标五个方面构建评价模型，运用综合模糊评价法评价 SDGOLD 集团金融管控前后的财务风险变化，验证金融管控在调整资本结构、降低财务风险方面的作用。

1.4.2　技术路线

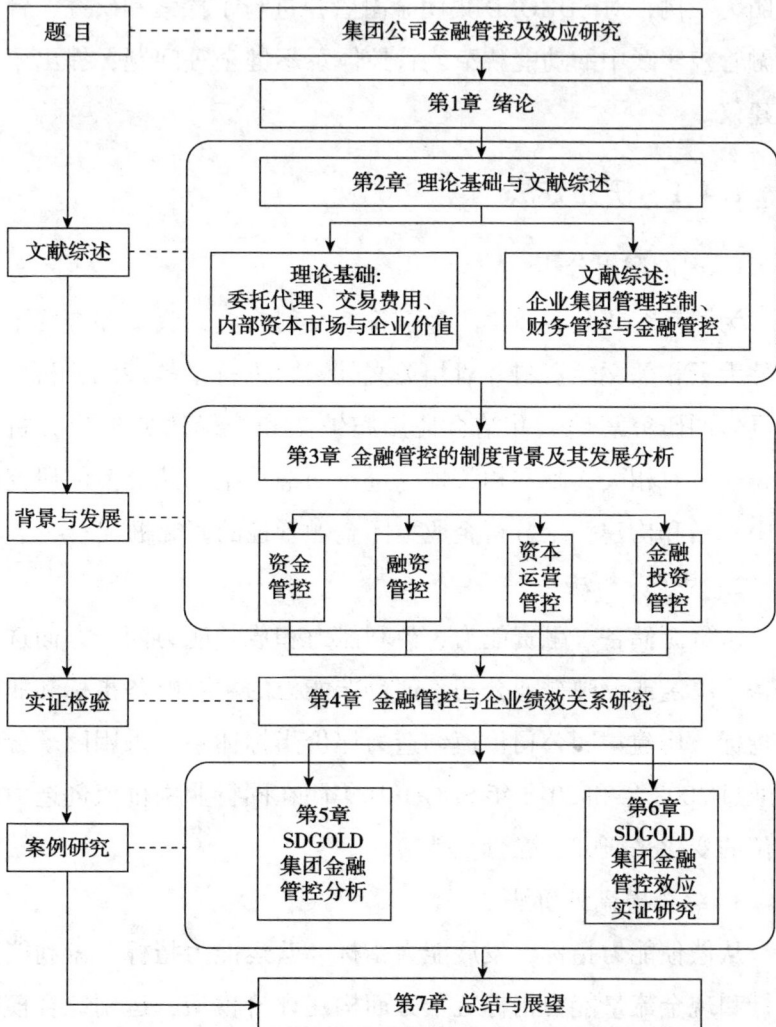

图 1－1　本书框架

1.5 创新之处

本书以 SDGOLD 集团为具体研究对象对集团公司金融管控效应进行了实证研究，本书的创新之处主要体现在两个方面。

1. 明确提出金融管控这一概念，与以往在集团公司资金管控、融资管控方面的研究相比，研究内容不再局限于集团金融资源的某一方面，而是将集团的金融资源作为一个整体和体系加以深入研究，更有利于发掘和放大集团金融资源的整体优势。

2. 国内外对产融结合的研究主要集中在宏观层面，侧重于研究产融结合的产生、发展及意义。本书则是以具体案例为研究对象，在深入研究其金融管控发展历程与现状的基础上，运用实证研究方法，对金融管控、产融结合的效应进行了分析。

第2章 理论基础与文献综述

2.1 本书研究的理论基础

2.1.1 委托代理理论

委托代理理论是制度经济学契约理论的核心与精髓。委托代理理论起源于20世纪60年代末70年代初经济学家对信息不对称现象的研究，信息不对称是指经济活动一方掌握其他方不知道的信息。刘有贵等（2006）研究和总结了委托代理理论的起源、发展，认为委托代理理论的创始人包括 Wilson（1969）、Spence和 Zeckhauser（1971）、Ross（1973）、Mirrless（1974、1976）、Holmstrom（1979、1982）、Grossman 和 Hart（1983）等。委托代理理论重点研究在信息不对称环境下，如何通过优化委托人与代理人之间的契约关系来建立有效的激励约束机制。在这个机制中，将所有可以预料的因素均考虑在内，形成一个完美的格式合同，因此委托代理理论也被称为完全合同理论。1976年，Jensen和 Meckling 在对所有者和职业经理之间的代理问题进行研究的基础上，得出如下结论：代理关系即契约关系。张维迎扩大了代理问题的概念，将所有不对称信息下的交易均纳入研究范围。

委托代理下行为主体间的契约关系如下：聘用主体授予被聘用者一定范围的决策权限，并且支付的报酬取决于被聘用者的服务数量和质量。在委托人和代理人存在利益不一致和信息不对称的背景下，如何解决利益冲突，如何充分激励代理人成为委托代理理论的研究重点。从理论上讲，委托代理理论的研究对象是处于均衡状态的委托代理关系。委托代理理论依托于两个假定条件：一是委托人与代理之间利益存在分歧；二是信息不对称。Barnea 等（1980）和 Keown 等（1994）认为，信息不对称是由于经理人拥有较多企业内部经营相关信息，但是没有明确将信息传递给股东，而使双方在认知上产生差距。实践中的委托代理关系是非均衡状态，主要由以下原因造成：一是契约的不完备性。由于企业的复杂性和经济环境变化的不可预测性，在授权过程中，双方订立的契约不完备。因此产生剩余控制权和剩余索取权的分离，代理人掌握剩余控制权，但并不享有剩余索取权，委托人享有剩余索取权，但不掌握剩余控制权。二是利益的不一致性。委托人和代理人都是理性的，股东追求公司长期价值，而代理期内的经济效益才是代理人的关注重点，因此代理人尤其偏爱能够带来短期经济利益的投资。三是信息的不对称性不可避免地引发了逆向选择和道德风险。

企业集团的特征是组织结构的多层级，因而存在着不同于一般单体企业的多级复杂的契约关系、多层次委托代理关系。多层级的组织架构延伸了信息传递过程，导致集团总部和所属企业信息严重不对称，集团总部不能及时有效掌握所属企业经营、财务信息。根据委托代理理论，委托人和代理人存在利益分歧，因此企业集团存在多层级的不同利益。Michael C. Jensen 和 William

H. Meckling（1976）开创性地提出了代理成本概念，他们认为代理行为中的利益不一致和信息不对称会造成成本的增加。1972年，Alchian 和 Demsetz 在《生产、信息费用和经济组织》中认为企业就是一种典型的团队生产，因此会产生偷懒（Shirking）和搭便车（Free - riding）行为。Michael C. Jensen（1986）在《自由现金流量的代理成本、公司财务与收购》中，首次通过自由现金流去研究代理成本，认为通过降低自由现金流量可以弱化所有者和经理人之间的利益分歧。金融管控能够降低自由现金流量，从而能够在一定程度上促进母子公司的利益趋于一致，降低代理成本。肖坚勇（2010）指出，企业集团内部的信息不对称不利于资源在内部的有序流动，资源配置不合理。财务公司等内部的金融机构能够实现资金的集中管理，统一调剂，提高资源配置合理性。

2.1.2　交易费用理论

作为"新制度经济学"的经典和中心理论，交易费用（Transaction Cost）理论（或称为交易成本理论）采用"交易费用"作为基本的分析工具，以"交易"为研究落脚点，采用制度分析方法来揭示经济活动的运行规则、制度基础以及演变路径。科斯在1937年发表的《企业的性质》中提出了交易费用的研究架构，奠定了交易费用理论的基础。科斯在1960年的《社会成本问题》中明确提出了"交易成本"一词。科斯认为，交易费用就是在寻求市场价格过程中的支出，由信息获取成本、沟通成本和履约成本构成。肯尼思·阿罗（1969）将交易成本界定为"经济制度运行过程的支出"。威廉姆森在《市场与等级结构》（1975）、《交易成本经济学：合约关系的治理》（1979）、《资本主义经济制度》（1985）、《反托拉斯经济学——兼并协议和策略行为》（1987）、《治理机制》（1996）、《合约视角——私有秩序》（2002）等文中对交易成本理论进行了深入研究，提出了交易费用理论的两大假设，即人的理性有限和投机偏好与条件的不确定性和市场缺陷。阿罗、威廉姆森将交易费用划分为交易前费用和交易后费用，交易前费用主要是指双方沟通、谈判过程中的支出，交易后费用包括交易双方违反合约的成本、为控制风险而发生的支出等。张五常进一步扩大了交易成本的概念，主张交易成本包括鲁滨逊·克鲁索经济中的成本。诺斯（1994）认为交易成本是交易双方为订立和执行合同而发生的相关支出。汪丁丁（1995）认为，交易成本是交易各方博弈形成的均衡状态。埃里克·弗鲁博顿和鲁道夫·芮切特（1996）把交易成本按照成本发生的原因分为市场性、管理性和政治性三种。埃格特森（1996）与巴泽尔（1997）将交易成本与产权联系起来，认为交易成本是与产权相关的成本。杨小凯（1998）根据交易成本的根源将交易成本分为外源和内源两类。Wallis、North 和 Gnertman（1998），缪仁炳和陈志昂（2002），金玉国（2005），劳泰艳（2007）和邓倩（2009）对交易成本的测量进行了相关研究。

　　威廉姆森认为，降低交易费用的途径之一是制度设计，他主张用不同的治理结构来匹配不同属性的交易，以节约交易费用。特定的交易可以通过调整特定的规制结构来降低交易成本，与市场相对应替换的规制结构是企业，交易与规制结构的匹配程度决定了二者之间的替代效应。企业集团作为一种创新型企业组织形式，其基本功能就是能够通过共享内部资源来降低组织运转成本，实现整体价值最大化。金融管控主要是对集团内部金融资源尤其是资金统一管理和配置，营建内部市场推动交易内部化，降低交易费用。融资、金融投资是一项专业性、技术性很强的业务活动，特别是随着金融市场的发展，金融工具呈现多样化、综合化和衍生化的趋势，根据企业自身资金状况和风险容忍度选择合理的金融工具变得越来越难，对金融工具的后续管理、风险管理越来越受到重视，交易费用呈现上升趋势，而融资、资本运营、金融投资的集中管控则可以做到集团共享金融专业人才、金融市场信息，从而有效降低交易费用。

2.1.3 内部资本市场理论

内部资本市场（Internal Capital Markets，ICM）理论脱胎于交易费用理论，重点研究企业集团内部金融资源配置。在交易费用理论发展过程中，研究发现，在多元化组织内部存在着一个能够调剂金融资源的内部资本市场。内部资本市场的出现源于多元化组织各业务单元之间对金融资源的争夺，不同的业务单元面临不同的投资机会，需要"一只看得见的手"来调配不同业务单元之间的资本，集团总部需要将这些投资机会产生的资金流集中起来重新分配，以提高内部投融资效率。内部资本市场诞生于金融资源在企业集团内部的重新分配过程。

Richadson（1960）、Alchian（1969）、Williamson（1975）以及 Myers 和 Majuf（1984）对内部资本市场进行了早期的研究。Richadson（1960）认为，企业职业经理人必须掌握充分信息以证明项目的低风险，才有实施的可能性。内部资本市场的生命力在于它能够减少信息不对称。Alchian（1969）认为，内部资本市场的优势在于它减少了信息成本和解决了代理人激励窘境。Williamson 进一步指出了 ICM 的三大优势：第一，ICM 在收集和传播信息方面的成本优势。第二，ICM 资源配置效率高。第三，ICM 降低了守法和税收成本，提高了对外部环境的适应能力。Myers 和 Majuf 认为兼并能够降低信息不对称。

近年来，很多学者对上述理论进行了实证研究，并进一步发展了内部资本市场理论，特别是新兴市场国家开始接受和应用内部资本市场理论。例如，Shin 和 Park（1999）、Khanna 和 Palepu（2000）、Perotti 和 Gelfer（2001）、Castaneda（2002）、Samphantharak（2003）、Gonenc 等（2004）、周业安和韩梅（2003）以及曾亚敏和张俊生（2005）分别对韩国、印度、俄罗斯、墨西哥、泰国和中国内部资本市场的运行进行了研究；Lins 和 Servaes（2002）运用实证方法研究了新兴市场 ICM 的运转带来的积极变化。

内部资本市场之所以能够稳定、长久存在，原因在于内外部资本间转换是有成本的。Gertner 等（1994）认为，内部资本市场中的资金提供者掌握着资金使用单位的所有权，而外部资本市场不是，这是二者最根本的不同。上述区别决定了内部资本市场能够更有效地配置资源。企业集团总部将资源从创造价值能力较低的部门转移到价值创造能力高的部门。Stein（1997）认为企业集团总部资源配置优势能够提高公司价值。Stein（2001）进一步指出，ICM 和 ECM 解决资金分配的范围不同，ICM 是在企业集团内部进行调剂，而 ECM 则是在不同企业间进行分配。ICM 和 ECM 配置资源的手段也不同，价格是 ECM 配置资源的主要手段，而 ICM 则更多地依赖控制权。配置手段决定了二者资源的配置结果和配置效率。

不少学者研究了内部资本市场是否真实存在。Lamont（1997）认为 ICM 是确实存在的。Houston 等（1997）、Perotti 和 Gelfer（2001）以及 Gautier 和 Hamadi（2005）对控股公司（Holding Companies），Shin 和 Stulz（1998）以及 Shin 和 Park（1999）对联合企业（Conglomerates），Khanna 和 Palepu（2000）、Cestone 和 Fumagalli（2003）、Samphantharak（2003）实证研究了企业集团（Business Groups）中 ICM 的规模、资源配置效率和效果，研究结果均表明 ICM 确实存在，并且在资源配置方面发挥着不同程度的正向功能。然而，Schnure（1997）和 Chevalier（2000）分别从不同角度质疑 ICM 的存在。

目前的研究成果对 ICM 的资源配置效率出现了两种截然不同的结论。一种结论是 ICM 能够有效改善企业资金配置，因为 ICM 有助于降低信息不对称，能够增强激励有效性。支持该论点的初期文献有 Alchian（1969）和 Williamson（1975），近期文献有 Gertner 等（1994）、Li 和 Li（1996）、Stein（1997）、Houstons 等（1997）、Shin 和 Stulz（1998）以及 Matsusaka 和 Nanda（2002）等。另一种结论是 ICM 资金配置效率较低甚至无效，原因在于 ICM 下高昂的代理成本。支持该观点的文献主要有 Wulf（2002）、Rajan 等（2000）、Scharfstein 和 Stein（2000）、Scharfstein（1998）、Berger 和 Ofek（1995）等。

多钱效应和活钱效应是内部资本市场的两大优势。多钱效应是指企业集团在进行外部融资时，与单个企业相比具有规模优势，因此提高了其价格谈判能力。活钱效应则是指 ICM 配置资金更有效。Lewellen（1971）认为组建企业集团能够提高融资能力。

Inderst 和 Muller（2001）则认为企业集团能够改善企业融资条件。Berger 和 Ofek（1995）与 Comment 和 Jarrell（1995）的实证研究结果则并不认同上述结论。Alchian（1969）和 Williamson（1975）等对活钱效应进行了研究。它有两个假设条件：一是企业集团总部掌握了足够的信息；二是总部有能力运用上述信息，挑选价值创造能力最高的部门予以资金支持。近期文献中，Gertner 等（1994）、Li 和 Li（1996）、Stein（1997）、Houstons 等（1997）、Shin 和 Stulz（1998）以及 Matsusaka 和 Anda（2002）等认为活钱效应源于集团总部拥有成员企业的主要股东权益。

对立的观点认为，内部资本市场有损公司价值。一是因为企业集团普遍存在过度投资现象，活钱效应放大了这一问题。二是 ICM 降低了资金配置效率或者对资金配置效率没有影响。Rajan 等（2000）、Scharfstein 和 Stein（2000）、Wulf（2002）等，研究了企业集团不同层级间的代理冲突。Meyer 等（1992），Milgrom（1988）和 Milgrom 和 Roberts（1988）认为寻租行为的存在降低了 ICM 的资金配置效率。Shleifer 和 Vishny（1989）与 Edlin 和 Stiglitz（1995）的研究表明分部议价能力削弱了 ICM 的作用。Ozabas（2003）认为企业集团过长的代理链增加了代理成本。国内学者林旭东等（2003）研究了我国企业集团中的多层级代理的冲突与成本。

其实上述两种观点并不是完全对立的，我们应该关注 ICM 提高资源配置效率的环境和条件。

2.1.4 企业价值与价值链理论

1. 价值管理理论

现代意义的企业价值管理（Value Management）源于股东价值理论与利益相关者价值理论研究的深化，主要包括价值驱动因素和价值管理模型的分析。

Ittner 和 Larcker（2001）对价值驱动因素进行了分解。Copeland（1994）指出，投入资本报酬率和未来增长率是企业价值的基础驱动因素。Alfred Rappaport（1986）提出了影响贴现现金流量的七个指标。Morin 和 Jarrell（2001）认为从经济增加值角度分析，企业价值受到未来现金流量的数量、时间和风险三个方面的影响。Strack 和 Villis（2002）将企业价值的研究范围扩展到顾客和供应商。上述驱动因素研究的出发点和立足点是股东价值，利益相关者对企业价值创造的影响越来越重要，因此需要将价值驱动因素研究从股东角度扩展到一切利益相关者。蒋茵（2003）认为员工也是企业价值的基本影响因素。尹美群（2008）认为外部资源，如顾客和供应商也会影响企业价值。Wheeler 和 Sillanpaa（1997）在 *The Stakeholder Corporation* 一书中提出了利益相关者关系作为价值动因的重要观点。企业价值研究已经从股东价值扩展到利益相关者价值，从财务指标扩展到非财务指标。

Morin 和 Jarrell（2001）在 *CorporateValue：Driving Shareholder Value* 中认为，价值管理架构包括战略、财务管理、治理结构和企业价值四部分。得到广泛认可的还有麦肯锡和德勤管理咨询公司构建的模型，阿尔弗洛德·拉帕波特价值管理模型等。这些模型主要是从股东价值出发。Liu 和 Leung（2002）构建的价值管理模型，将利益相关者纳入其中。我国学者对价值管理模型也进行了深入的探索。杜胜利（2003）认为构建企业价值管理体系应当考虑 17 个因素。汤谷良、林长泉（2003）提出建立价值型财务管理体系。罗菲（2007）从股东价值的角度出发，构建了涵盖期权的包括财务指标和非财务指标的价值管理模型。利益相关者理论认为价值管理目标应当从股东价值最大化提升到利益相关者价值最大化。Freeman（1984）研究了如何将利益相关者纳入价值体系。Freeman 和 Liedtka（1997）提出了利益相关者资本主义模型（Stakeholder Capitalism Model）。国内，王乃静（2005）结合价值链理论和价值分析理论，提出了"全面价值管理"概念。从利益相关者的角度研究企业价值已成为理论界共识。

2. 价值链理论

1985 年，哈佛商学院的迈克尔·波特教授在《竞争优势》一书中提出了分析竞争优势的价值链方法，指出每个企业的设计、生产、销售等活动构成一个价值链。波特教授认为，企业竞争优势取决于价值链，要借助价值链这一分析工具，来研究企业如何在各个价值环节上构建竞争优势。

企业内部各项活动形成内部价值链，供应商、顾客、销售商等构成外部价值链。内部价值链由基本活动和支持活动构成。价值链将企业的活动贯穿起来，由于企业间的价值链出现交叉、融合趋势，部分学者提出了价值网概念，认为企业应该将传统供应链转为价值网络。大卫·鲍维特认为价值网是未来发展的方向。

企业集团的价值链包括活动流、实物流、信息流、资金流。其中，资金流是纽带，将企业价值链串联起来。牛成哲、李秀芬、张平（2005）提出企业集团资金管理应当以价值链为基础。

2.1.5 理论总结

上述部分论述了本书研究所涉及的理论基础，为金融管控提供了理论支持及方法论的引导，为下文金融管控效应的研究奠定了理论基础。现将各理论与金融管控之间的关系总结如下。

委托代理理论是制度经济学契约理论的核心和精髓。企业集团的特征是组织结构的多层级，因而存在着不同于一般单体企业的多级复杂的契约关系、多层次委托代理关系。多层级的组织架构会导致集团总部和所属企业信息严重不对称，代理成本增加。金融管控能够减少信息不对称，并能在一定程度上使母子公司的利益趋于一致，降低代理成本。

交易费用理论是新制度经济学的经典和中心理论。企业集团作为一种创新型企业组织形式，其基本功能就是能够通过共享内部资源来降低组织运转成本，实现整体价值最大化。通过总部的统一管理和协调来实现金融资源交易内部化，可以做到集团共享金融专业人才、金融市场信息，能够降低交易费用。

内部资本市场理论是交易费用理论在资金管理方面的细化和延伸。多元化组织内部存在着一个能够调剂金融资源的内部资本市场，内部资本市场存在多钱效应和活钱效应，能够提高资源配置效率。金融管控的目的就是通过营造一个内部资本市场，实现外部交易内部化，降低交易费用，提高资金分配效能。

企业竞争优势取决于价值链，要借助价值链这一分析工具，来研究企业如何在各个价值环节上构建竞争优势。各项经营行为都离不开资金流，资金流起着纽带和桥梁作用，将企业价值链串联起来。金融管控就是通过对资金流的管理、优化来提高价值创造能力。金融集中管控可以通过企业集团共享技能、协调战略、与金融机构的谈判等实现协同效用。

2.2　相关研究文献综述

国内外专门针对集团金融管控的系统研究比较匮乏，主要侧重和局限于企业集团管控，尤其是集团财务管控的研究。因此，本部分系统回顾和梳理了企业集团管控，尤其是集团财务管控相关文献，以期为集团金融管控的研究提供借鉴。

2.2.1　企业集团管理控制综述

企业集团中母公司对子公司的管理控制的基础是具有柔性的较高效率的生产和市场经营管理活动，其基本依据和制度保障是完善合理的产权管理。对于集团管控的研究，国外学者主要以委托代理理论为基础，从不同视角对管理控制的模式、内容等方面进行了较全面、系统和深入的研究。对于管理控制的模式，西方学者主要聚焦于市场、组织体系、战略规划等方向，重点研究管理控制的策略、风格、架构或机制等。Ouchi（1979）提出了组织管理控制系统设计的三种策略：市场控制、官僚控制和小团体控制。Govindarajan 和 Flsherz（1990）利用 Ouchi（1979）提出的控制机制，把集团母子公司的控制形态分为行为与结果两个类别。在研究业务多元化和组织控制中，部分学者提出了战略控制和财务管控两类主要的管控对象。Hill 和 Hoskisson（1987）、Hoskisson 和 Hitt（1988）、Gupta（1987）的研究均表明，战略管控机制的作用主要体现在发挥协同效应、促进共享资源等方面，而财务管控机制的作用是在财务风险识别和应对方面。此外，迈克尔·古尔德等（2004）针对集团管控的特点提出了管控三分法，将集团公司对成员单位的管控模式分为战略管控、财务管控和运作管控三种。Willianmson 和 Bhargava（1986）运用控股公司、战略控制、过渡性调整、作业决策和适度部门化五种控制工具，划分区别了集团公司控制子公司的六种形态，即单一形态、控股公司形态、多部门形态、过渡多部门、集权化多部门和混合形态。对于企业集团管理控制的领域，国外学者的视角主要包括交易费用、企业文化、资源共享和战略规划等。Hennart（1991）和 Voosselman（2002）分别以交易成本理论和交易成本经济学为基础，对管理控制方式和管理控制手段进行了研究，指出不同管理成本的原因是管理控制模式不同，而降低管理成本的关键在于选择与交易特征相匹配的管理控制工具。另外，Chow、Shields 和 Wu（1999），Stede（2003）对多元化经营的跨国公司与区域文化之间的联系进行了研究，研究发现：在管理控制系统设计与运行中，企业的文化价值观是重要的影响因素之一。由于集团战略与管理控制系统之间存在极为密切的联系，部分学者从集团战略管理的视角对企业集团的管理控制进行了研究。Martinez 和 Ja-rillo（1989）研究发现组织架构设计及管控机制的演变源于战略的变动，并将跨国公司的控制机制分为正式的和结构化的机制、非正式的和非结构化的机制两种。Simmons（1994）将控制杠杆的理念运用到战略管理思想中，并将集团管理控制划分为交互式控制系统、界限系统、识别系统和理念系统四个子系统。

国内对企业集团管理控制的研究迟于西方国家，研究充分吸收和运用了西方的相关理论，并在一定程度上推进了集团管控的研究。学者从不同角度提出了不同的管控模式，李维安（2002）将母子公司控制机制归纳为间接控制、直接控制和混合控制三种；王钦（2005）将企业集团的管控模式分为财务管理、战略管理、运营管理和营销平台四种模式；陈志军（2006）则认为，母子公司管控是通过子公司治理实现的，并将母子公司控制与协调模式分为三类，即以母公司直接管理为基础的行政控制型模式、以子公司治理为基础的治理型模式和以子公司治理为基础的管理型模式。另外，也有部分学者对企业集团管控模式的选择进行了研究。鉴于具体实践中企业集团管控模式的选择受到诸多因素的制约，朱经源和胡川（2007）建议企业集团根据权变理论来选择适合的管控模式，并且可综合采用一种以上的模式；张凯、赵庆晨（2008）则从控制深度与控制范围两个方面研究了集团的管理控制模式，提出我国大型企业集团管理控制模式的选择应关注两个方面，一是要建设和完善一级法人治理体系，二是要对财务活动进行高度集权。对于企业集团管控的内容，李连华（2009）提出应从战略控制、预算控制、资金控制、对外担保活动控制、投资活动控制、筹资活动控制以及利润分配控制等方面系统地加强对子公司的控制；姚海琳（2011）则指出集团公司管理控制的内容应包括经营目标、经营与管理活动、企业文化等方面。

2.2.2　集团财务管控研究综述

资本主义经济在西方国家起步较早，因此企业财务管理方面的理论也首先产生于西方国家，尤其是世界经济的迅速崛起促使了企业集团的大规模出现，企业集团总公司对子公司的财务管控的研究也迅速成为企业集团管控的主要内容和方式。国外关于财务管控方面的研究大致分为三个阶段。在财务管控的起步阶段，财务管理的工作重点在于对生产成本的控制，因此财务管控经历了从控制生产活动到控制整个经营活动的发展过程。19世纪末，随着生产技术的提高和生产规模的扩张，企业间的竞争日益激烈，经营成本决定着企业的竞争能力。因此，控制生产成本是该阶段财务管控的重点领域。在此阶段，西方的财务管理学者逐步认识到资金对于企业经营的重要性，可是对资金运作和管理纳入研究范围，财务管控意识逐步形成，内控重要性得到认同还没有形成系统研究。20世纪60年代，R. T. Menzies对财务管控理论进行了系统研究，财务管控初步成为研究的方向。R. T. Menzies指出了财务管控的两个重要工具：预算体系和成本费用管控。之后，Peter P. Schoderbek，Chard A. Osier，Johne A. Plin则指出要通过预算控制和财务分析来实施财务管控。另外，在该阶段越来越多的企业所有权和经营权出现分离现象。委托代理理论认为股东与经营层之间信息失衡，因此股东应当采取措施对经营者进行有效的激励约束，确保经营者的活动符合股东利益，满足股东要求。因此财务管控工作突破企业内部的约束，逐步延伸向企业外部控制领域，研究和实务出现了多视角、多层级的特征。在该阶段，理论界普遍认为，财务管理的一项基本职能便是财务管控，但对财务管控的研究仍然没有和企业集团的发展结合在一起。20世纪70～90年代，企业集团得到前所未有的发展，对各国经济的影响力大增，母公司要对成员企业实施有效的管控，防止其偏离集团整体目标，因此财务管控研究得到前所未有的重视。国外学者针对企业集团母子公司财务管控的相关研究主要集中在两个细分领域：第一，企业集团财务管控的手段和工具；第二，企业集团应该采用何种财务管控模式。Efferin 和 Hopper（2007）认为，企业集团母子公司管控方式是在一定内外部环境下，母公司用于处理企业集团内部各成员单位间及其与外部的关系，进而约束成员单位经营活动以实现集团发展目标的管理手段。但有学者认为，这种观点没有考虑母公司对子公司行为的影响。根据企业集团母子公司间的职能定位，Michael Goold 等学者确立了三种类型的财务管控模式，即运营管控型、财务管控型和战略管控型。Ouchi 等学者也对企业集团财务管控模式进行了分类，且与上述分类情况相似，即官僚式控制、市场式控制和团队式控制。此外，也有学者认为，无论何种情况，财务管控均应采取集权式，而生产经营活动应当采取分权式，信息技术和互联网技术的发展为财务管控的集权提供了有效支撑。在财务管控具体手段上，包括财务人员统一管理、预算管理、内部审计等，在实践中各种手段得到了广泛使用并有效实现了财务管控职能和目的。哈佛商学院著名教授罗伯特·S. 卡普兰和 Don R. Hanse 则认为，最佳的财务管控手段是建立涵盖财务指标和非财务指标在内的有效的评价指标体系来激励和约束企业。

同国外发达国家相比，我国企业集团的出现比较晚，到 1991 年才开始企业集团的试点工作，国内关于企业集团财务管控的相关研究也才刚刚起步。然而，由于财务管控在企业集团管控中的核心地位，学术界和企业界均对集团财务管控给予了足够的重视，在集团财务管控主客体、手段、模式及内容等方面形成了一定的研究和实践成果。缪新（2002）认为，集团财务管控是一种财务方面的契约安排，它采用各种财务工具对成员单位的经营活动进行管控，统一各成员的目标，充分协调利益，从而实现企业集团整体目标。常悦（2011）也指出财务管控有助于企业资金的运用致力于企业集团整体价值最大化的目标。企业集团的产权关系是多层级的，因此集团财务管控的主体也是多元的、多层次的立体管控。宾琼曼（2004）认为，集团财务管控主要通过不同层级的决策机构实现，各公司的决策机构（董事会）为公司利益而进行各种主要活动，董事会对公司的财务和经营政策起决定作用。刘菁（2007）指出，集团财务管控的对象应当与集团多产业、多区域和多样化经营的特性相匹配，从而具有集合性、多变性的特点。国内研究的结论也显示，集团财务管控的工具和方法也应该呈现多样化的特征。企业集团首先应该确立集团总部的核心地位，然后结合各成员单位的地域分布、所处产业、管理水平高低等个性差异，择机采取运用合理的管控模式，综合采用预算控制、资金集中管控、财务信息化等手段和工具，确保企业战略目标的落地实施。另外，集团财务管控是集团管控的重要内容和工具，包括制度管控、融资管控、投资管控、资金管控、资本运营管控、成本管控、收益管控等企业经营的各个方面。资金管控作为财务管控的主要内容，是国内研究的重点。王斌、张延波、孙静芹、王月欣、袁琳、胡德芳等对集团实施资金集中管控的动机和手段进行了研究。在资金集中管理模式的研究方面，赵轶群、董志军在《集团公司资金管理模式初探》中主张参考银行运作，在集团总部设立资金结算中心；章新蓉在《企业集团在实施资金管理的新模式》中认为结算中心也应当参照银行健全内控体系；傅丽娟在《集团型企业资金集中管理与企业银行》一文中提出集团资金管理的最佳选择是企业银行模式；汤谷良在《现金池：集团内部资本运作利器》中认为现金池能够突破其他模式存在的独立法人间资金占用的法律障碍，在资金结算、网上银行、融资顾问、投资咨询等方面提供强大支撑。财务公司是资金集中管理的高级模式，《财务公司经营管理》（人民银行非银司和经贸委企业改革司合作编写）是国内第一部系统研究财务公司发展、业务运营、存在的缺陷与发展方向的著作。杜胜利、王宏淼（2001）研究了财务公司出现的理论支持，比较了各国财务公司的异同，指明国内财务公司的重点业务方向。罗筠在《企业集团财务公司现状分析及未来发展探究》一文中，提出内部综合银行、专业化金融公司、金融控股平台是国内财务公司未来的发展方向。

另外，根据控制重点不同，财务管控可以分为核算型、成本管理型、金融管控型三个层级。上述文献为本书对金融管控的研究提供了基础和借鉴。本书认为，金融管控处于财务管控的最高层级，对提升集团价值的作用也最为显著，它主要是对金融资源的管控，一般认为包括融资、资金、资本运营、金融投资四个方面。

第3章 金融管控的制度背景及其发展分析

金融管控作为企业集团财务管控的最高层级，对提升集团的价值具有显著作用。本书认为，金融管控主要是对金融资源的管理和控制，一般包括资金管控、融资管控、资本运营管控和金融投资管控四个方面。因此，拟从以上四个方面对金融管控的发展历程、管控模式等背景资料进行分析，以期有利于金融管控的健康发展。

3.1 集团资金管控的制度背景及其模式

3.1.1 集团资金管控的含义

内部资本市场理论认为，企业集团内部存在一个能够进行资金调剂、配置的内部资本市场。内部资本市场能够加快集团资金运转，有效应对资金短缺风险。资金集中管理能够培育内部资本市场，而内部资本市场又能够降低交易费用，提高资金配置效率。由于各成员单位经营周期不同，在现金流入与流出上存在时间、空间差异，从而可以实现现金的互补、调剂，内部资本市场能将资金配置到价值创造能力高的部门。在资金管理水平较低的企业集团，银行账户失控、存贷双高是极其普遍的现象，资金管控能够改善这一现象，从而降低资金存量和资金成本。

资金是企业从事生产经营不可缺少、流动性最强的生产要素，企业的资金代表企业占有资源的状况。资金管控是指企业集团为提高资金周转速度和利用效率，运用各种工具对资金来源、运用进行筹划、管理。企业集团资金管理的宗旨与目的是在内部成员单位间合理分配资金，促使资金流向价值创造能力高的业务单元，确保资金的安全和高效利用。资金管控是企业财务管控的重点和中心，包括现金管理、流动性管理、利率和汇率风险管理等，核心是调节资金流量和流向。

根据管控的重点和工具不同，资金管控有三个层级。最初级是资金集中监控，在这个层级，集团总部能够掌握资金的分布与流向。中间层级是资金集中结算，企业集团建立统一的结算平台，能够实现资金的归集与下拨、内部支付。最高层级是集中理财和集中风险管理，企业集团总部统一进行理财管理，集中管理资金流动性风险。

对资金管理效率起决定性影响的是"权"与"利"的分配。集权与分权的区别在于"权"在不同层级的分配。资金管控的权力存在五个层级：第一个层次是企业集团资金管控体系、管理政策和制度的制定权。第二个层次是企业集团重大资金事项决策权。第三个层次是企业集团非重大资金事项决策权。第四个层次是成员单位日常资金事项决策权。第五个层次是成员单位内部的资金调动权。市场经济的运行以资金流动为核心和中介。企业资金管理也要以资金流动为中心，并渗透到企业经营管理的全过程。

3.1.2 集团资金管控的主要模式及其分析

资金管控主要包括以下内容：①集团内部借贷；②集团内部资金分配与调度；③集团内部担保；④内部委托贷款；⑤集团内部票据贴现融资；⑥集团内部资产租赁；⑦代垫款项。集团企业各子公司都是独立的法人主体，在各子公司之间调拨资金需要借助一些工具和手段。在实践中，统收统支、拨付备用金、内部银行、结算中心、现金池和财务公司六种模式被企业集团普遍采用。

1. 资金管控模式

（1）统收统支模式。该模式是一种高度集权的资金管控模式，集团总部财务部门负责办理企业集团的所有资金收付业务，成员企业不单独开立银行账户，也没有独立的财务部门，成员单位的所有资金收付均通过集团总部财务部门处理，资金收支的审批权由集团高管或其授权的代表掌握。也就是说，成员企业的所有资金收入、支出的审批与经办权限均属于集团总部。统收统支模式操作简便、迅捷；集团总部可以完全掌控企业的现金流动，从而能够确保资金的合理配置；集团总部第一手全面掌握成员企业的经营状况、现金流状况，有利于其作出迅速合理的决策；总部将资金的使用权完全控制，有利于集中使用，提高资金利用效率，获取资金的规模效应。其缺点在于资金收付的流程过长、环节过多，决策与经营效率低下，特别是对资金流量大的企业会造成严重不利影响。统收统支模式强调对资金流动的全面、准确、严密，内部审批、执行环节烦琐，不能灵活运用各种资金结算手段，容易挫伤成员企业的积极性、主动性。另外，统收统支模式使成员企业丧失了对资金的占用、使用权，从而极易造成下属企业不重视资金流，忽略资金成本，不愿根据内外环境主动调整业务模式。

（2）拨付备用金模式。拨付备用金是指集团总部按照成员企业的经营规模、现金周转周期拨付其一定的资金供其使用，各成员单位实际对外支付现金后，凭支付结算单据到总部财务部门报销，从而补充规定限额的资金。在该种模式下，成员企业具备一定权限的资金收支自主权，但超过核定限额的资金收支仍需要报集团总部审批。其主要特征为资金收入需要统一归集到总部财务部门，成员单位在限额内拥有资金支出的审批权。拨付的备用金是根据一定期限内资金收支规模由总部核准的，集团总部要准确预测、掌握各单位的资金收支状况；成员企业在集团统一制定的现金支出规模和范围内，可行使资金使用的审批权。与统收统支模式一样，各下属单位不成立独立的财务部门，资金支出的报销由集团财务部门进行审查核准，规定使用范围之外和高于规定标准的资金支出则由集团公司高管层或其授权代表进行签批。拨付备用金模式的优点是操作简单；与统收统支模式相比，成员单位拥有一定的资金使用权，从而具有一定经营的主动权；集团总部能够有效掌控成员企业的资金支出，能够控制集团整体的财务风险，避免出现财务危机；集团总部能够及时掌握成员单位的经营状况，特别是资金流入，能够准确、合理地对其进行业绩考核；有利于集团保持整体的资金收支平衡，对资金进行统一运作，提高资金使用效率和效果。然而，在拨付备用金模式下，对集团总部的资金计划提出了极高的要求，也留下了人为操作的可能；对资金的集中管理不能起到期望的效果，资金集中管理效率不高；在激烈的市场竞争中，资金计划不能对市场变动作出及时反应，对业务开拓造成不利影响。

（3）内部银行模式。内部银行是在借鉴外部银行的职能与管理手段的基础上，与企业内部管控方式相结合而出现的内部资金管理模式，主要负责企业集团内部日常业务往来需要的资金结算和内部资金的统一调拨。具体包括以下方面：每个成员企业均要在内部银行开立独立账户，集团内部的商品买卖、劳务提供而产生的资金收支均要通过内部银行进行资金的结算；内部银行依据集团规定发行集团内部流通、使用的支票和货币，在成员企业间结算使用；提供内部贷款，内部银行对资金短缺的成员企业，根据其实际资金缺口，审批发放内部贷款，满足其资金需求；统一对外融资，企业对外融资高度集中在内部银行，上收各单位的融资权，内部银行是唯一的对外融资部门。内部银行根据各成员企业的经营情况统一调度资金，根据资金缺口，统一融通资金；制定结算规则，对结算工具、时间等作出统一规定，监控资金流向、流量，及时避免不合理的资金使用，防范资金支出风险；建立信息沟通机制，内部银行将成员企业的资金流动情况定期或不定期地以报表的形式提供给成员企业，同时将资金流动整体情况报送集团公司管理层，及时反映资金使用、结余状况；采取内部市场化管理思想，借鉴银行运作经验，实行贷款责任追究机制，对贷款风险进行严格管理，内部银行的地位相对独立，有独立的会计机构，单独核算并承担经营盈亏。设立内部银行实质是在企业内部资金管控中建立一种模拟市场化的银企关系，成员单位与集团总部之间形成存贷关系，内部银行是集团的结算中心、货币发行中心、贷款中心和资金监管中心。

（4）结算中心模式。结算中心是企业集团为办理内部资金收付、往来结算而成立的专门机构或部门。它一般情况下独立运行，或者设立于总部财务部门内。结算中心模式下，成员企业对资金拥有更高的决策权，经营灵活性进一步增强；能够更好地监控集团资金流动，降低整体财务风险；能够及时准确地了解成员企业资金状况和经营状况，及时合理地对资金进行调剂。该模式下，集团资金集中程度大幅提高，资金利用效率、融资效率均得到提升，有效降低了融资费用；管理相对简单，在各类型企业内比较容易推广。其缺点是仍然不能解决成员单位多头开户的问题，资金集中的效益有限；各成员企业外部银行账户间资金流量大，结算费用高企；仍然采用划拨方式对集团内资金进行调剂，风险防控机制和手段匮乏。结算中心模式基本可以满足集团总部对资金进行监督、控制和成员单位保持经营灵活性的双重目的，但仍旧不能有效发挥资金集中管理的效益，不能有效防范内部金融风险，因此资金管理经验处于积累阶段的多元化企业集团适合采用该模式。

（5）现金池模式。现金池（Cash Pooling）是对集团资金统一调拨的工具。主要职能包括资金归集与下划、委贷及计息等。企业集团总部借助"现金池"工具，通过委托贷款模式，将成员企业的资金进行统一调剂、配置，借助信息技术实现对资金的自动化集中管理。具体而言，现金池是在网上银行平台的基础上构建的资金集中管理体系，能够实现资金在内部的自动上划和下拨、对成员企业的资金余额进行控制、存款利率维护和利息计算拨付、委托贷款利息的计算与支付、各成员企业账户信息查询等功能。企业集团通过"现金池"这一资金集中管理的现金系统，能够准确及时地了解成员单位的资金流向与结余，进行实时监控，降低资金风险；同时能够在集团内部调整资金的分布，降低总体资金占用量，提高资金运作效率；此外，如果不实行资金的统一集中管控，各成员企业单独与银行进行交易，谈判能力较弱，存款利率、贷款利率均不能与集中管理相比，企业集团的财务费用高企不下，在"现金池"模式下，能够发挥集团整体谈判能力强的特点，从而切实控制资金占用成本；在"现金池"模式下，透支的成员企业要支付利息，提供透支的成员单位要收取利息，有利于促使成员企业加强资金管理，降低资金占用量，集团能够对成员企业进行合理的业绩评价。然而"现金池"作为一种新兴的、从国外引入的资金管理手段，其在具体的应用中，仍存在诸多问题急需解决。比较突出的问题是，企业集团采用现金池后，内部成员单位间不可避免地发生存贷关系，内部之间产生利息支出和利息收入，从而对各个法人实体的纳税产生影响，主要是营业税和企业所得税。

（6）财务公司模式。财务公司是一种经批准可以经营部分银行业务的非银行金融机构。其经营范围涵盖抵押放款、外汇、联合贷款、债券包销、不动产抵押、财务及投资咨询等业务。我国的企业集团在达到一定规模后，一般在经监管部门批准后设立自己的财务公司，或者作为集团公司的子公司而设立，或者是几个独立的大型企业共同发起设立。集团设立财务公司能够实现集团资金管理的完全市场化，各成员企业的资金权限完全独立，能够自主支配使用自有资金，独立行使资金运用的审批决策权力。另外，集团对各子公司的资金管理是借助财务公司实现的，财务公司对集团成员企业的资金行为进行制约，并且该种制约机制是完全建立在独立自主经营基础上的。集团总部或高管层对成员企业的资金筹集和使用不直接插手干预，而是由财务公司通过市场化手段进行调节。与其他资金集中管理模式相比，财务公司模式最大的优势和特征是其完全市场化的运作方式，具有更强的风险防范能力，集团整体的资本运作能力也得到提升；交叉运用多种融资工具，充分挖掘集团潜力，融资结构得到优化，融资成本也大幅降低；通过合理的理财工具运用闲置资金投资，可以提高暂时闲置资金的收益；财务公司建立了集团统一的金融信息平台，可以为成员企业的投融资业务提供有效支撑。其难点在于，财务公司需要大量高素质的金融专业人才，且需要经过监管部门的审批，设立后的运用也受到严格限制和监管；财务公司模式下对子公司的资金监控能力降低。综上所述，可以看出财务公司是目前最完善、最有效的资金集中管理模式，能够为集团对金融资源的高效运作提供强力支持。但要采取该种模式存在限制和障碍。

2. 不同资金管控模式的对比

（1）统收统支、拨付备用金与内部银行模式。这三种模式资金管控过于集中，不能适应不断变化的市场环境，市场机制未得到足够重视，不能调动成员单位的积极性，一般初创阶段的企业集团可使用此类模式。

（2）结算中心与现金池模式。这两种模式的缺陷在于成员企业资金的调配存在法律上的障碍。与结算中心相比，现金池的优势在于专业化服务。

（3）财务公司模式。财务公司是企业集团资金集中管理的高级阶段，能够为成员企业提供更加专业、高效的金融服务，并且能够在同业市场上进行短期资金融通。

3. 不同资金管控模式的适用性分析

国内对资金集中管理的研究成果极其丰硕。袁琳认为资金集中管理存在五种方式；于洁认为结算中心是目前我国资金集中管理最主要的模式；郭旺认为财务公司和结算中心是集团内部资本市场的一种；赵立刚认为资金集中管理应当加强信息化应用；王浩明对资金管理模式进行了分类。各种资金管控模式之间并非是对立的，可以采用单一模式或几种模式相结合的资金管控体系。集团选用哪种资金管理模式，实质上是在集权与分权的不同程度间抉择。

各种资金集中管理模式均有优缺点，适用条件不同，并没有明显的好坏之分，适合的才是最好的，所以企业集团应根据发展阶段、管理水平、组织架构体系合理选择资金集中管理模式。一般来讲，起步阶段的企业集团适合采用统收统支模式和拨付备用金模式，就行业来讲，公用事业企业和原材料供应行业比较适合采用该模式。集团规模不大、区域单一、组织结构简单清晰的企业集团一般采用统收统支模式和拨付备用金模式。内部银行模式在日常消费品、医疗保健行业以及部分工业企业中得到广泛应用，该模式特别适合初创期、成长期、成熟期并且规模中等、经营区域相对集中、事业部制的企业集团。结算中心或现金池模式适合成长期和成熟期企业，一般来说，采用结算中心或现金池模式的企业集团规模相对较大、经营区域比较分散、采用事业部制组织架构。财务公司模式适用于控股经营的大型企业集团，该类集团资产规模庞大，经营区域高度分散，一般是跨国经营。

实践中，统收统支、拨付备用金、内部银行、结算中心、现金池和财务公司六种模式被企业集团普遍采用。以 SDGOLD 集团为例，SDGOLD 集团资金管控经历了分散管理、内部结算中心、财务公司三个阶段。SDGOLD 集团自 2007 年设立结算中心以来，在降低资金成本、控制资金风险方面虽然发挥了积极作用，但由于结算中心无法享受金融机构的待遇，不能进入同业市场拆借资金，在内部也只能是模拟市场化运作。通过设立财务公司，可以克服集团结算中心制度性的缺陷。结合目前实际情况，财务公司采取"主辅结合"的方式进行资金集中管理，有效避免单一资金管理模式的不足，采用"银行实体账户归集 + 代理行支付方式"作为资金集中管理的主要模式。与 SDGOLD 集团原资金集中管理模式相比，增加直接对外支付功能，资金支出更加灵活，提升对外付款的时效性。下一步，财务公司要引入内部市场化机制，提高内部资本市场效率，更好地发挥财务公司的功能。

3.1.3　集团资金管控的发展历程

1. 分散化管理阶段

我国企业集团大多是非市场竞争形成的，缺乏市场基础，在企业集团刚刚成立之初，集团总部对成员单位控制力薄弱，从而导致集团对所属企业资金管控能力较差。在我国企业集团的资金管控发展刚刚起步阶段，存在着资金集中管理模式与企业发展阶段不匹配，资金信息存在失真现象；资金分布呈现分散状态，资金沉淀严重，内部资金市场机制不健全，资金配置效率低；资金管理人才和工具匮乏，信息化程度不高，存在信息"孤岛"；内部监督机制缺失，资金流向无法得到有效控制等系列缺陷和问题。随着企业集团的规模逐步扩大和跨越式的发展，资金分布越来越分散，严重拖累了资金周转效率，影响了资金管理的效果。

2. 资金结算中心阶段

由于企业集团存在多层级的法人实体，集团成员单位多且分散、产权关系复杂且层级较多，这对资金管理提出了较高的要求。国内从 20 世纪 80 年代开始，部分企业集团试点成立资金结算中心，力图集中管理集团分散的资金。政府部门也出台了一些制度，要求企业加强资金集中管理，财政部 2001 年 4 月颁布了《企业国有资本与财务管理暂行办法》，在第七条"母公司的主要职责"中明确指出，"母公司应当建立以现金流为核心的内部资金管理制度，对企业资金实行统一集中管理"。之后国内企业集团纷纷组建资金结算中心，通过资金结算中心对集团资金进行统一集中管理。资金结算中心履行内部银行的职责，建设统一的资金池，形成规模资金，并按国家法律要求严格区分上市资金与非上市资金，集团资金管控进入资金结算中心阶段。资金结算中心一般采用以下业务架构：集团成员单位设立独立的财务部门，在银行开设独立的资金账户，实行独立会计核算，依法享有资金的使用权和支配权；企业集团的总部设立资金结算中心，代表集团对集团成员企业的资金进行归集、管理、监控；结算中心统一对外融资，统借统还是融资的主要模式，各成员企业报经集团审批后也可直接对外融资，融资资金仍旧属于资金集中管理范围；资金结算中心根据资金状况，在各成员企业之间调节资金余缺，缩减资金沉淀金额，盘活存量资金，降低资金占用。例如，SD-GOLD 集团资金结算中心先后使用深圳拜特公司的资金结算软件、招商银行 CBS 系统，建成"银企直连"网上资金结算平台。SDGOLD 集团"银企直联"网络资金结算平台具体运作模式是：

资金结算中心在合作银行开立综合账户，成员单位在结算中心开立内部账户，资金结算中心的综合账户和成员单位的银行账户进行银企直连。集团通过资金余额管理控制各单位的资金流入、流出。2013 年第一季度，SDGOLD 集团资金结算中心日均集中闲置资金 20 亿元，预计全年节约财务费用 1.2 亿元。在对资金进行集中管理的同时，SDGOLD 集团采取集权型融资管理模式，即集团总部作为集团融资中心，通过融资决策权限的高度集中，实现对成员单位融资行为的高度管控，有效保障集团经营发展目标的实现。

然而企业集团资金结算中心存在一些不可解决的法律限制，制约了该种模式的推广应用。首先，资金结算中心的运营和业务开展存在法律障碍。资金结算中心成立的制度依据主要是财政部颁布的《企业国有资本与财务管理暂行办法》，以及各企业集团上级主管部门所制定的一些地方性、行业性法规。吸收存款、调剂资金的合法性受到质疑。按照中国人民银行颁布的《贷款通则》第二十一条和第六十一条的规定，任何机构和个人未取得金融业务许可不得吸收存款、发放贷款。资金结算中心相关业务违反了上述禁止性规定条款。其次，资金结算中的存贷款业务中，进行利息收入与支付，在税收方面绕不开营业税及企业所得税。并且资金结算中心不能提供合规的利息费用发票，成员单位不能税前抵扣资金成本。各地税务机关掌握的口径不一致，结算中心上述业务给企业集团带来税收风险。最后，依据证监会独立性规定，实际控制人或其他关联人不得占用上市公司资金、资产。而一般情况下，上市公司积聚了企业集团最优质的资产，是企业集团的主体和核心，其占有的资金数量巨大，如果该部分资金不能归集，在很多企业集团，资金结算中心也就失去了存在的意义。由于上述法规与经营范围的限制、冲突，资金结算中心履行资金集中管理的职责勉为其难。

3. 财务公司阶段

财务公司的出现，完全化解了资金结算中心运行中存在的诸多法规约束与限制，并且在行使资金集团筹集、使用之外，财务公司还具有开展中介业务与对外投资的功能，经营范围进一步拓宽。财务公司是独立法人，是非银行业金融机构，税收执行金融业相关规定，资金结算中心面临的涉税问题在此也不存在；经过上市公司股东大会审批，财务公司能够归集、管理上市公司的资金，资金集中度迅速提高，资金管控能力大幅增强，打破了上市与非上市成员企业间的资金壁垒，资金集中管理的效应得到最大程度发挥。因此，企业集团资金管控进入财务公司阶段。

财务公司是在企业集团内部运营的金融机构，主要职责是营造并运行内部资本市场，提供专业化金融服务。财务公司的英文为 Finance Company 或 Finance Services，即"金融服务公司"；也称作 Treasury Company 或 Treasury Center，即"融资公司""资本运作中心"。按照我国《企业集团财务公司管理办法》的规定，企业集团财务公司是指以加强企业集团资金集中管理和提高企业集团资金使用效率为目的，为企业集团成员单位提供财务管理服务的非银行金融机构。与其他金融机构相比，财务公司兼具产业性和金融性特征，更能发挥金融资本对产业资本的推动作用。

世界各国对财务公司的认识存在分歧，通过研究各国财务公司发展，可以分为"司库型""信用型"和"全能型"三种发展模式。"司库型财务公司"，也称作"资金管理型财务公司"，专门承担企业集团资金集中管理的职责。当企业集团规模发展到一定规模，财务部门承担着繁重的内部资金管理和风险控制的任务，缺乏有效的人才和技术手段支持，因此集团公司的资金管理职能部门主观上要求成立财务公司进行资金专门管理。资金流转量大、内部资金流动频繁的企业适合采用这一模式。司库型财务公司对这些企业的作用主要表现在两个方面：一是在成员单位间调剂资金余缺，降低资金成本和结算费用；二是提高资源配置效率，引导资金流向经营业绩好的成员单位。"信用型财务公司"也称"信用销售型财务公司"，是伴随信用销售专业化管理而出现的一类财务公司。耐用消费品和大型机械设备厂商普遍采取分期付款或融资租赁方式销售产品。将信用提供、应收账款管理与产品制造销售分开，能够提高专业化分工程度。"全能型财务公司"是在"司库型财务公司"和"信用型财务公司"的基础上，为适应集团多元化和跨国运作而发展起来的，具有上述两种类型财务公司的业务功能，比如通用电气财务公司。

　　监管制度是影响国内财务公司发展和功能定位的决定因素。1992 年、1996 年、2000 年和 2004 年，中国人民银行和中国银监会四次颁布并修订了《企业集团财务公司管理办法》，每一次均改变了财务公司的功能定位。1987 年至 1997 年 9 月的融通资金阶段是财务公司发展的第一阶段。在这一阶段，财务公司的功能定位是在企业内部调剂资金盈缺。1992 年 11 月，中国人民银行、国家计委、国家体改委、国务院经贸办颁布的《关于国家试点企业集团建立财务公司的实施办法》（银发〔1992〕273 号）规定，"财务公司是办理企业集团内部成员单位金融业务的非银行金融机构"。1997 年 9 月至 2004 年 9 月的中长期金融服务阶段是财务公司发展的第二阶段。1997 年 9 月，中国人民银行下发《关于加强企业集团财务公司资金管理等问题的通知》（银发〔1997〕365 号），规定财务公司应定位于支持企业集团技术改造、新产品开发及产品销售的以中长期金融业务为主的非银行金融机构，不得吸收 3 个月以下的短期存款。2000 年，中国人民银行出台《企业集团财务公司管理办法》，正式明确了上述定位。财务公司调剂内部资金余缺的功能受到严重制约。2004 年 9 月至今的提高资金使用效率阶段是财务公司发展的第三阶段。2004 年 7 月，银监会颁布修订后的《企业集团公司财务公司管理办法》，将财务公司的定位界定为"资金集中管理和为成员单位提供财务管理服务"。经过 20 余年的探索，监管机构终于确定了"资金管理"这一本质功能。随着企业集团规模扩大，产业链不断延伸、管理层级逐渐增多，管理难度和管理成本大幅上升，成为制约进一步发展的瓶颈。而资金集中管理可以实现降低管理成本的目的。

截至 2012 年底，我国共有 150 家企业集团财务公司，涵盖绝大多数行业，已经成为金融市场的重要组成部分。经过 20 余年的探索，监管机构终于确定了"资金管理"这一本质功能。随着企业集团规模扩大，产业链不断延伸、管理层级逐渐增多，管理难度和管理成本大幅上升，成为制约进一步发展的瓶颈。而资金集中管理可以实现降低管理成本的目的。根据交易费用理论、内部资本市场理论，资金集中管理是一种必然。通过高度信息化的结算系统，财务公司将零星分散在各成员单位的资金集中起来，建造"资金水库"，增加了可运用资金，再通过同业拆借等方式保证资金流动性管理的需要，除法定存款准备金和备付金外的资金可以贷款的形式满足成员单位的融资需求。资金集中管理

和统一结算是财务公司的核心作用和基本功能。各成员单位对内
清算、对外结算均由财务公司统一完成，能够有效降低结算费
用。财务公司的第二个重要功能是内部信贷。企业集团成员单位
之间资金周转周期不同，财务公司可以在内部进行调剂。财务公
司相比外部银行更了解成员单位，能在一定程度上解决信息不对
称问题，更能及时满足成员单位的融资需求。财务公司的第三个
功能是提供卖方信贷和融资租赁服务，支持实体经济发展。另
外，财务公司还可以开展投资管理、风险管理、财务顾问服务。

　　以中石油财务公司为例，对财务公司功能与作用进行分析。
中石油财务公司成立于 1995 年 12 月，是全国银行间债券市场、
中国外汇交易中心会员，是中国证监会认可的首批 IPO 询价对
象。从 1995 年成立到 2006 年，中石油财务公司累计集中内部信
托资金年均超过 493 亿元，2006 年突破 4933 亿元。从 1999 年到
2005 年，中石油集团有息债务从 1444 亿元降到 698 亿元，资产
负债率从 40.7% 下降到 10.55%，累计节约财务费用 380 亿元。
中石油财务公司对票据进行集中管理，每年收取的银行承兑汇票
3 万张，金额 300 亿元左右，2007 年票据集中节约财务费用 1207
万元。

　　财务公司在资金集中管理方面发挥了重要作用，但普遍存在
业务品种单一、业务发展面临瓶颈、业务与银行重合度过高等问
题。融资方面，资金来源渠道单一，因企业集团资金需求的同向
性导致资金集中度不高，影响了财务公司资产负债结构的完善。
资金运用方面，受资金来源制约，长期投资占贷款与投资总额的
13.72%，支持企业集团长期发展的功能薄弱。近年来财务公司
信贷快速扩张带来了一些问题，部分财务公司资产负债期限严重

不匹配，存贷比保持高位，远远突破了监管部门75%的要求；对集团内单一客户授信比例也超过监管比例要求；对信贷资产管理之后，部分资金流向房地产企业、借款企业不符合借款条件，存在坏账风险；部分财务公司委托贷款比重畸高。上述问题的形成有两个方面的原因，一是由于财务公司独立性不够，集团直接干预财务公司经营，要求财务公司向不符合条件的成员单位发放贷款；二是由于财务公司风险意识薄弱，片面追求效益而忽略风险。

西方发达国家财务公司类似机构功能和业务的准确定位以及各具特色的业务服务为我国财务公司的发展提供了借鉴意义。美国和德国的财务公司在业务经营中注重突出产业特色，结合集团实体经济的发展战略进行功能定位，能够提供富有产业特色的金融服务，在与外部金融机构的竞争中逐步树立自己的产业优势。西门子财务公司是西门子集团与外部金融机构之间联系的纽带，为西门子集团提供国际融资服务。它不但为西门子集团提供资金集中管理、流动性管理、风险管理等，还能够为成员单位提供结算、融资、票据管理等金融服务和财务支持。以大众、福特为代表的汽车金融服务公司则定位为集团的产品销售信用提供商。目前国内财务公司属于典型的资金管理型，与集团产业结合度不够，未来发展的方向是专业化的产业金融服务机构。西方发达国家的财务公司在与外部金融机构的竞争中，结合集团的产业特点，不断进行业务创新，开发与企业集团生产的产品或提供的服务、所处的产业或行业密切相关的服务种类，开发出具有产业背景特色和优势的金融产品，逐步树立了自己独特的产品和服务优势。比如西门子金融服务公司（SFS）为成员企业提供的风险管理服务。国内财务公司应当突出所在集团的产业特色，与外部金融机构采取差异化竞争策略。

3.2 集团融资管控的制度背景及其模式

3.2.1 集团融资管控的含义

融资，即资金融通。广义上来讲，融资是指资金富裕者向资金短缺者提供资金。狭义的融资是指资金的融入，即资金来源，具体来讲，就是企业根据未来发展和生产经营现状，采用一定的方式，利用内部积累或向企业的投资者、债权人筹集资金的经济行为。融资比筹资的内涵更大。筹资主要是指筹措股权资本与债务资金，这会导致企业占用资本总量的增加。而作为融资概念，包含资本占用总量增加和可运用资金增加两个方面。可运用资金包括以下三个方面：一是表内可运用的资金总量；二是表外融资来源；三是资产变现。与筹资概念相比，融资的着眼点在于为企业集团创造更多的可运用资金，而不仅仅是资金来源外延规模的增大。融资管控实质是建立一套融资活动的运行机制，实现融资高效与低成本运作。从集团总部层面来看，集团融资管控的重点在于融资预测与融资决策以及目标资本结构的规划。

企业集团融资管控是指在企业集团融资活动中各项职责、权能在集团总部与所属单位之间的划分。由于内部资本市场的存在，企业集团融资活动具有两大特征：一是计划配置和市场配置并存。集团从外部市场融资受市场规则约束；而集团内部资金调剂，主要由计划机制发挥作用，通过内部计划价格或市场价格进行配置。二是内外部资金市场并存。从资源配置的角度来看，资金在流动过程中，会自动流向低成本、高效益的经济体。成员单位会比较内外部市场融资成本，选择成本较低的市场进行融资。企业集团融资管控的核心是融资权限的划分，也就是集团总部与成员单位之间在融资活动中的权利分割。一般来讲，企业集团融资决策权主要集中在母公司。由于企业集团发展阶段、业务规模、成员单位数量、管理层级等方面的差异，以及不同企业集团财务管控模式的不同，融资权利在集团总部和成员单位之间的划分各有不同。集权程度高，有利于强化资金运作，控制风险，但是会加大内部融资管理成本和信息成本，降低融资效率。分权程度高，有利于调动成员单位投融资的积极性，压缩信息传递链条，提高融资效率，但容易削弱集团总部的控制力。融资决策权分散，各成员单位均从自身利益出发，忽略集团整体风险和资本结构。因此，绝对集权或分权的企业现实中是不存在的，都是在集权与分权之间寻求平衡。但是集团总部要始终保持对以下重大事项和风险事项的决策权：融资政策制定权、资本结构规划权；重大融资事项（金额和性质两方面考虑）和例外融资事项决策权；融资事项的协调和裁决权。

3.2.2　集团融资管控的主要模式及其分析

企业集团的融资管控大致可以分为三种情况：一是集团总部统一融资，各成员企业没有融资决策和执行权限，总部融资后再分配各个成员企业使用。比如很多企业集团采用的"统贷统还"模式。二是集团集中融资与成员公司自主融资相结合，成员企业经集团总部审批后，可以在审批金额和利率范围内向外部金融机构贷款。三是成员企业自行融资，但该种方式下，融资决策权一般仍旧掌握在集团总部。具体而言，集团融资分为以下三种管控模式。

1. 集权型融资管控

在该种模式下，集团投融资功能完全集中在集团总部或母公司，各成员单位仅负责组织生产经营。该种模式的优点是：便于统一融资政策，降低制度运行成本；集团总部有权集中调配资金，协调融资事项，控制集团整体风险；发挥集团融资规模优势，降低融资成本。该种模式的缺点是：融资权限高度集中于母公司，子公司缺乏灵活性和积极性；信息需要经过多个层级传递，决策效率低，并且容易出现信息失真，造成决策失误；增加了内部管理成本。集权型管控模式下，融资决策主体和执行主体一般均为集团总部，集团总部承担偿还未来本息的法定责任。而对于资金的使用和管理，却由下属企业负责，造成融资责任权利不对等、风险收益不均衡。集团承担了主要的融资风险。初建、规模较小的企业集团适合采用该模式。

2. 分权型融资管控

在分权型融资管控下，子公司享有足够的融资决策权，集团总部主要控制结果。该模式的优点是：子公司经营比较灵活，融资决策迅速；能够降低集团融资过程中的管理和组织成本。该模式的缺陷是：各成员单位为追求自身价值最大化和最佳目标资本结构，可能忽视甚至损害集团整体利益；不利于总部优化资本结构，控制财务风险；不能有效发挥企业集团融资的资金成本谈判能力和规模优势。在分权型融资管控下，未来偿还本息的责任由资金使用部门承担，保证了融资责任和权利的对等。成员单位承担了主要的融资风险，风险和收益相对均衡。H 型控股公司或资本运营型企业集团比较适合采用该模式。

3. 混合型融资管控

绝对的集权和分权都是少有的。更常见的管控形态是介于两者之间的混合模式。混合型融资管控模式既能充分发挥集团融资的规模优势，降低外部融资成本，同时适度分权又能相对节约集团的管理成本，能够使集团融资的外部成本与内部成本之和最小。在混合模式下，集团总部在融资方面的主要职责是：组织编制、实施资金计划并加以监控；确定最优的资本结构，保证集团战略实施需要的资本，并规划资金来源；融资风险的管理，包括债务总量、资本结构和财务杠杆的控制。混合模式兼具集权型融资管控和分权型融资管控的优点，但在实践中，很难把握集权与分权的程度、界限。运作规范的较大规模的企业集团适合采用该模式。

4. 企业集团融资管控模式的选择

从企业集团的整体来看，要重视集团整体与成员企业融资结构之间的相互影响、相互作用。与单个企业相比，企业集团存在的多层级关系使资本杠杆作用高，对子公司收益率存在扩大效应。因此在实践中，除 H 型控股公司或资本经营型企业集团外，一般不会采用分权型管控模式。

除集团规模、股权比例、行业特点等会影响企业集团对融资管控模式的选择，以下因素也应予以充分关注。

（1）企业集团的发展战略

发展战略不同，与之相匹配的融资管控模式肯定也不一样。比如处于扩张战略阶段的企业集团，需要大量的资金支撑，就应当适当加大分权程度，鼓励子公司积极到外部资本市场融资。

（2）企业集团的产业定位

企业集团的产业定位主要是指集团产业的多元化程度。根据产业多元化水平不同，企业集团产业定位可分为四种：单一产品产业定位；一体化产业定位；相关多元化产业定位；无关多元化产业定位。比如在无关多元化产业定位下，出于控制投融资风险的考虑，企业集团一般应当加强融资集权程度。

（3）企业集团总部的管理能力

企业集团总部的管理能力直接决定着融资管理权限的划分以及投融资管控效果。集团总部集权程度和管理能力成正比。

（4）企业集团所处的发展阶段

在初始阶段，集团总部考虑到企业规模、集团管理地位的建立等，比较倾向于集权管理。特别是在成员单位成长初期，其自身融资能力薄弱，借助于集团融资优势才能低成本获取资金。随着集团管理的日趋成熟，分权管理的优势逐步显现。

3.3　集团资本运营管控的制度背景及其模式

3.3.1　集团资本运营管控的含义

"资本是独立、迥异的生产要素形式"。所谓资本运营即根据企业发展战略，利用资本市场中的金融工具整合、重组企业现存的资产和增量资产，在扩张战略中表现为企业资本占用量的增加和资产规模的膨胀，而在收缩战略中表现为资本占用量的减少和资产规模的下降，最终目的都是要提高企业在市场中的竞争力。

并购是国内企业资本扩张的主要路径，通过并购能快速增加企业占用的资产总量，抢占优质资源，迅速实现最优经营规模，发挥规模经济优势和协同效应，降低企业运营成本，培育和提高企业核心竞争能力。资本运营是企业集团发展和壮大必不可少的手段和工具，有力地推进着企业集团的发展和竞争能力的提升。

资本运营管控是指在企业集团对资本运营活动的各项规则体系，核心是资本运用活动中各项职责、权能在集团总部与所属单位之间的分配。由于资本运营主要是对资本的优化配置和有效使用，关系到集团的发展战略，因此适合企业集团发展的资本运营管控模式显得尤为重要。资本的保值增值是企业开展资本运营的终极目标。企业资本运营管控的效应体现在资本运营的每一个链条和各个环节，资本运营管控的目标也应当与企业目标相一致，即利润最大化、股东权益最大化和企业价值最大化。资本运营作为调整和优化资本结构、有效配置资源的重要方式，能够促进企业资本保值增值目标的实现，因此日益被企业集团加以运用。但是企业集团资本运营是一个非常高端、复杂的工作，涉及金融、法律、财务等诸多方面，一旦运作失误，将会给企业带来毁灭性的影响，因此企业要精心运作，注重提升企业资本运营的成效。

3.3.2 集团资本运营管控的模式与分析

1. 集团资本运营管控的模式

对资本运营模式的分类没有统一的标准，存在各种各样的分类方法。根据本书研究和关注的重点，结合资本市场成熟度、集团规模和管理水平以及法律、政策等外部环境，综合考虑资本运营的战略目标、对企业价值创造能力的影响程度、资本运作的具体工具等因素，将资本运营管控模式分为两类：内生式和扩展型资本运营，两类运营模式的运营对象不同，一个向内，一个向外，一个是已经占有的资源，一个是准备控制的资源。

（1）内生式资本运营模式

内生式资本运营的对象是企业已经占有的资本。内生式资本运营的主要目的是挖掘现有资源潜力，打破原有资本的配置结构，实现资本、资源的最优组合，提高资本、资源利用效率，提高现有业务的核心竞争力。主要资本运营方式有：实业投资、上市融资和内部业务重组。其中，内部业务重组是企业集团对产业结构的内部调整和优化。

实业投资是指企业集团投资于实体产业，是一种直接的、非常重要的投资模式。它在以下两种情况下得到广泛应用，一是对处在成长期的产品和业务，抓住其竞争尚不激烈、进入较为容易的时机，通过持续增加投资、扩大规模，提升生产能力和业务规模，短期内实现规模优势，确立在行业内的领先地位。二是调整集团产业机构，培育集团新的利润增长点和核心竞争能力，提高集团长期价值创造能力，对一些新兴产品或行业进行战略性投资。投资的具体落地途径也各种各样，可以由成员单位投资新的项目，主要是固定资产投资，扩大生产规模，也可以组建新的或者异地新建投资项目。大型企业集团经常利用公开发行股票融资来参与资本，吸收社会投资者资金。有两种操作模式，即整体上市与分拆上市。分拆上市也就是企业集团拿出一部分资产在资本市场公开发行股票融资。整体上市是指企业集团全部资产均进入资本市场，企业集团就是上市公司。整体上市能够有效改善公司治理结构，是国企改革的重要途径，近年来颇受青睐。上市的具体方式可以分为借壳上市与 IPO 两种。转方式、调结构是当前我国企业集团尤其是国有企业集团面临的严峻挑战，其目的就是通过资本运营优化集团产业结构，促使集团将资源投向和集中于价值创造能力高的产业。当企业集团面临主营业务不明晰、产品生命周期搭配不合理、市场波动较大、行业面临调整等问题时，企业集团存在动力和压力重新构建产业链条，优化产业结构，完善组织架构和治理结构。

（2）扩展型资本运营模式

扩展型资本运营的主要目的是将外部优质的产品或资源引入集团内部，实现内外部资本的有序转化、流动，寻求新的发展机遇，培育集团的发展潜力。扩展型资本运营的对象是外部资源，主要方式包括并购、结盟、风险投资和金融投资等。其中，并购已经成为企业集团扩展型资本运营的核心模式，而钢铁行业、新技术产业、金融产业等比较倾向于采用结盟方式。

并购是企业集团拓展新领域、新空间的最主要的工具。虽然受制于国内资本市场成熟度较低等因素，并购活动依然层出不穷，成为企业集团扩展业务规模、占领市场、发展新兴产业的重要方式。并且我国企业集团开始走出国门，参与国际市场的并购。并购的具体形式包括吸收合并、新设合并、实际控制型收购等。结盟是指企业集团之间以股权或契约方式形成风险共担、利益共享的经济联合体，其主要目的是共享资源、降低运营成本、共同研发新的产品。在钢铁行业、新技术产业、金融产业等领域中，结盟得到有效利用。受制于国内金融市场不发达、资本市场不成熟等各种原因，我国风险投资和金融投资两种资本运营模式正处于发展初期，还面临着退出渠道不通畅等因素的限制。

2. 集团资本运营管控模式分析

企业集团在选择资本运营管控模式时，应当深入分析企业集团的发展阶段、管理水平、发展战略、组织架构、所处产业等因素，综合考虑，慎重选择，选择最适当的资本运营手段。具体来讲，应当重点分析以下四个因素，一是明确资本运营的目的，应当把培育企业集团长期竞争能力和价值创造能力、重构优势产业链作为资本运营大的战略目标。二是要考虑国际化影响，要尝试利用国际资源、国际市场，构建跨国经营平台。三是要紧紧抓住产权这一关键因素，提高集团总部管控能力和水平，适时进行组织流程再造。四是积极、谨慎探索推进产融结合，对多元化经营问题，要稳扎稳打，一切以提高企业价值创造能力为目的。

3.4 集团金融投资管控的制度背景及其分析

3.4.1 集团金融投资管控的含义

金融投资包含两个方面的含义，一是指对金融工具的投资；二是指对金融类企业的股权投资。随着金融市场的发展，金融工具呈现种类多样化、混合化的趋势。但金融工具的本质属性和最基本的要素始终未变，金融工具的本质属性是资金提供者与资金需求者之间股权或债权关系的证明，交易的金额和交易条件是金融工具最基本的要素。

金融投资管控就是指企业尤其是企业集团对金融工具的投资活动、对金融企业的股权投资的相关规则体系、运作机制，以确保金融投资活动的高效率和高效果。国内外很多企业都对金融投

资管控进行了摸索和实践。西门子金融服务公司（Siemens Finan-
cial Services Ltd. , SFS）为西门子集团提供金融服务，协调管理
金融企业的运营。早期，西门子集团公司的金融业务由集团财务
部（又称中央财务部，CF）管理，1997 年 10 月，西门子集团将
金融业务进行重组，集团财务部负责制定金融政策，而将具体金
融业务运营职责划归财务公司（SFS）。2000 年 4 月，SFS 由集团
职能部门转变为集团全资的独立法人企业，以满足集团实体产业
发展对金融的需求。SFS 受托对西门子集团金融业务进行统一管
理，其成立以来一直推进金融业务的集中管理，保险业务、股权
投资业务以及风险投资业务等都纳入集中管理范围。SFS 金融市
场部是集团外汇风险、资金风险的专业管理部门，负责集团金融
业务的具体操作，包括：（1）利率管理。在最佳界定风险预算内
以减少集团外部融资成本为目标管理利率风险。利率掉期、利率
期货、远期利率协议（FRAs）以及掉期期权（Swaptions）等是
其管理利率风险的主要工具和手段。(2) 外汇管理。在充分研究
集团的债务种类结构和长短期资金结构的基础上，不断优化利率
结构。主要运用的金融工具包括：货币即期（Spot）、远期（For-
ward）、掉期（Swaps）和较简单的大众型期权（Plain Vanilla Op-
tion）。（3）流动性管理。在满足流动性需求的前提下，运用短
期投资等手段提高资金收益。美国通用电气集团、日本三菱集团
等国际知名企业在产融结合的过程，也实现了对金融投资的集中
管控。80% 的世界 500 强企业已经完成或正在探索产融结合。

在我国，企业集团将金融这一稀缺资源纳入集团总部的统一
支配主要是通过企业集团财务公司实现的。企业集团从事实体产
业的成员单位在金融、投资方面专业人才匮乏，通过资金资源的

整合将资金交由专业人才集中管理，可以发挥协同效应和规模效应。比如中石油"昆仑系"金融平台已经搭建完成，这一金融平台包括财务公司、银行、信托、金融租赁、保险等金融机构，为中石油的油气产业发展提供了有效的金融支持。

3.4.2　集团金融投资管控的必要性及其动因

企业集团金融投资管控的演变是同集团的发展历程、发展战略相适应的。我们主要分析黄金产业集团金融投资管控的必要性及其动因。

首先分析黄金产业集团金融投资管控的必要性。黄金的特性是兼具商品和金融双重属性。黄金的特性决定了黄金产业集团的特性，黄金的金融属性决定了黄金产业集团的金融属性。黄金与货币的关系非常紧密，马克思在《资本论》中指出"金银天然不是货币，但货币天然是金银"。黄金作为货币的社会职能的内涵和表现形式在不同时期也是不一样的。19 世纪金本位制的建立是黄金发挥货币职能的巅峰，黄金是主要结算支付手段。1914年，第一次世界大战爆发，黄金进出口受到严格禁止，金本位制无法延续。战后实行"金块本位制"，即流通使用的是纸币而不是黄金，仅是在外汇平衡时保持黄金的结算支付能力。纸币发行虽然以黄金为基础，有法定的含金量，但不能随意兑换黄金。一些国家实行以英镑为中心的金汇兑本位制。1929 年，华尔街股市大崩溃，金块本位制逐渐解体。1944 年，44 国代表在美国举行了世界货币金融会议，通过的《国际货币基金组织协定》确定国际货币体系以美元为中心，指定美元为国际贸易支付手段和储备货币，美元和黄金挂钩，其他货币和美元挂钩，美国以固定的 35

美元/盎司兑换黄金，并且实行在平价1%幅度内波动的固定汇率制。这实际上是一种黄金汇兑本位制，只是中心货币由英镑变成了美元，这就是布雷顿森林体系。由于数次挤兑风潮，美国于1971年宣布停止履行按官价兑换黄金的义务，布雷顿森林体系宣告瓦解，金价进入自由浮动期。1976年，国际货币基金组织通过牙买加协议，确定了黄金非货币化改革方向，确定以特别提款权代替黄金作为国际储备资产。随着黄金非货币化进程的推进，其商品属性逐渐回归，但需要一个较长的过程。实际上黄金至今还未从货币领域完全退出，虽然其流通功能基本丧失殆尽，黄金也不再是商品定价的尺度，但黄金仍然是重要的资产储备工具，2011年9月，各国中央银行黄金储备合计30707.1吨，私人储藏金条27759吨，两者之和占世界黄金总量的35.4%，并且黄金仍旧是可以替代货币进行国际贸易结算的唯一方式。在黄金货币职能淡化的同时，新型黄金投资产品迅猛发展，黄金金融衍生品不断涌现。97%以上的黄金市场交易量是以黄金金属衍生品交易的，因此黄金市场依旧是金融属性主导的市场，黄金作为一种金融资产在金融投资领域仍然发挥着重要作用。黄金产业集团经营的产品就是黄金，这决定了其必然参与到黄金交易特别是黄金金融衍生品交易中去。对黄金及其金融衍生品的投资管控成为黄金产业集团金融投资管控的重要内容。

之所以对黄金产业集团金融投资进行管控，主要是基于以下动因。

一是基于做大做强黄金主业的考虑。整个黄金产业的产业链由勘探、采选冶、精炼、首饰生产、金条及首饰零售组成，勘探是最基础的，企业拥有的资源储量决定了潜在和持久的竞争力，而探矿是个高风险的行业，成功率低，需要引入风险资金介入，获取资源的另一个途径就是并购，从矿权市场上收购已经探明的矿产资源或在产矿山，但这需要巨额的资金支持。因此从储备资源、增强竞争能力的角度出发，SDGOLD 集团需要引进合作者，建立产业投资基金。产业投资基金能够为 SDGOLD 集团提供一种新的融资工具和融资渠道，有效实现资源外取战略。价格风险是黄金产业集团面临的又一大风险。2004 年以后黄金价格持续大幅上涨造就十年牛市，未来若保持大幅上涨，需要的一个前提就是全球范围内金融危机和经济衰退，作为天然货币黄金又会脱颖而出。但目前普遍认为近期内金融危机和经济衰退都不会发生，因此黄金十年牛市即将终结，金价将进入一个震荡的时期，在震荡中寻找新的多空平衡点。从黄金生产、金条及首饰的销售来看，集团需要一个风险规避的手段，要通过黄金期货、远期交易、黄金租赁来对冲黄金市场价格风险。而这需要专业的人才团队，集中研发、集中操作、集中管控风险，相对于各家矿山各自进行操作，更有利于发挥协同效用、控制风险。SDGOLD 集团实体经济已经打造出比较完善的产业链和规模庞大的上下游合作者，各环节的生产经营活动和合作者存在巨大的金融需求，金融投资的集中管控能够满足这种金融需求，并有利于促进实体经济的发展。

二是基于集团资源整合战略的考虑。基于资源的公司观（RBV）理论认为，企业的经营能力来源于其掌控的资源，企业核心竞争力则源于能够提供长期竞争优势的资源和能力。以 SDGOLD 集团为例，其在产业上已经做到了产金第一的行业地位，其生态矿山的安全环保理念深入人心，累积了品牌优势和商誉，在资本市场上信誉度越来越高，为 SDGOLD 集团发展金融产业、实行金融投资管控提供了支撑和路径。

三是基于金融行业吸引力和实施差异化战略的考虑。产品价格直接决定着矿业行业尤其是黄金产业的盈利空间，但产金企业对价格没有主动权，导致黄金产业集团的盈利水平和发展波动较大。而金融行业在中国属于快速发展的稀缺性产业，增长率和利润率都非常高。产业和金融的两翼齐飞，会使黄金产业集团的发展更加平稳。

四是基于获得信息共享优势的考虑。企业进行金融投资，比如进行黄金期货、黄金延期交易，需要专业的市场信息，需要专业的研究团队，金融投资业务集中可以实现信息、人才共享。金融业务是以信息为基础的，金融活动是围绕着信息的收集、加工、传递和应用展开的。在经济全球化、金融一体化和信息技术高度发达的当今社会，各类金融机构、金融投资活动面临的外部环境基本一致，各种相关信息可以共享。

五是基于降低交易成本的考虑。当集团从外部金融机构获取服务时，报酬费用非常高。内部金融机构通过外部利润内部化途径整体降低集团金融服务成本。金融投资集中管控而形成的内部资本市场，能够降低信息不对称，从而降低金融活动成本。

第4章 金融管控与企业 绩效关系研究

4.1 企业绩效概念界定

绩效是对取得业绩与运营效率的综合叙述，既包含活动过程，又包含活动成果。企业绩效是指企业在一定期限内的经营成果和经营效率。企业绩效受内外部多种因素的影响，本书选择金融管控作为切入点，分析其对企业绩效的影响。

企业绩效评价方法众多，不同的专家学者提出了不同的见解。杨国彬认为，企业的绩效评价是指采用一定方法通过一定的指标综合评价企业的经营效益、资产质量和运营效率以及股东投入增值状况的过程。

王化成、驰国华等认为，业绩评价是根据公认的评价要求和企业经营目标设计合理的评价指标体系，对考核期内的经营状况进行客观评估衡量。

财政部统计评价司认为，绩效评价是指依据适当的评价流程和评价标准，采用定量分析与定性分析相结合的方法，运用数理统计和运筹学工具，对目标公司的盈利能力、运营效率、偿债能力、发展能力予以公正的评价。

本部分的绩效综合评价方法参照财政部等四部委联合颁布的企业绩效评价体系，包括以下四个方面的内容：一是盈利能力状况，使用总资产报酬率、净资产收益率等指标衡量；二是资产运营状况，评价指标有总资产周转率和流动资产周转率等指标；三是偿债能力状况，使用资产负债率和流动比率等指标衡量；四是发展能力状况，评价指标有总资产增长率、营业收入增长率、净利润增长率等。

4.2 研究假设

改革开放以来，中国企业集团规模不断发展壮大，企业集团的管理日益复杂，金融管控成为企业集团优化资金配置、提升资金利用效率的重要途径。

企业集团法人联合体的特征决定了其存在多个层次的经营主体，势必造成各经营主体之间利益、行动不一致，信息传递环节过多、流程过长造成信息传递的低效和失真。从而引起以下两种现象：第一，信息传递不及时和不准确，集团总部或集团决策者不能及时掌握决策需要的信息，造成决策失误；第二，向外部利益相关者传递错误或滞后的信息，影响其作出准确判断，采取有效行动。

企业集团金融管控的主要职能是对企业拥有的资金、资产和人力资源进行管理和控制，建立与企业治理结构、组织架构和业务规模等相适应的管控制度和管控架构，有效提升企业价值创造能力。

基于上述分析，本书提出如下假设：

假设：集团公司实施金融管控可显著提高企业的经营绩效，换言之，目标公司在财务公司中的持股比例与企业绩效呈正相关。

4.3　数据来源与样本选择

本书实证研究所采用的数据全部来源于国泰安数据库。为了保证数据的真实性和可靠性，本书将国泰安数据库的数据与企业财务报表披露的数据进行抽样核对，并未发现异常数据。

本书选取了沪深两市 106 家矿产资源类上市公司 2011—2013 年的数据作为研究对象，有效样本的选择主要遵循以下原则：

（1）剔除 ST 和 PT 公司。SP 和 PT 公司作为被特别处理的公司，其往往存在经营不善、利润操纵等异常问题，将其纳入样本会影响实证研究结果的可靠性。

（2）样本数据中不包含发行了 B 股和 H 股的上市公司。上市公司发行的 B 股和 H 股在发行方式上与 A 股不同，其遵循的会计准则和会计处理方式也有所不同，且 A 股往往是投资者关注的重点，因此，本研究样本剔除了同时发行了 B 股和 H 股的 A 股上市公司。

（3）大样本原则。由辛钦大数定理可知，如果随机变量 X_1，X_2，…，X_n 相互独立，当样本容量 n 足够大时，样本的均值收敛于随机变量的数学期望，这样的样本被认为是有代表性的样本，得出的研究结论才具备统计学意义。通常样本容量大于 30 被认为构成大样本。

通过上述筛选和剔除，本研究选取了沪深两市 106 家矿产资源类企业 2011—2013 年共 318 个样本进行实证研究。

4.4 变量设计与模型构建

国内外企业绩效的评价方法主要分为两大类，一类是采用单一指标来衡量企业绩效，这些指标包括净资产收益率（ROE）、托宾 Q 值、EVA、投资报酬率等。单一衡量指标的局限性在于很大程度上将企业的经营绩效等同于企业现阶段获取利润的能力，而忽略了企业经营过程中面临的风险和企业的可持续发展能力。另一类是多重指标评价方法，它是针对单一指标评价方法的缺陷而提出的，包括平衡记分卡法、层次分析法等。然而，多重指标评价方法面临的突出问题是同一影响因素重复评价，即各评价指标之间具有相关性，会导致某一指标的影响被放大，从而导致评价结果失真。将各个评价指标进行主成分分析可以有效解决指标之间的共线性问题，从而得到更加真实、客观的绩效评价结果。

主成分分析方法是一种非常客观的多指标评判工具，它是采用降维思想的多元统计分析方法，首先对各个变量之间的关系进行分析，然后采用一定方法把多个变量缩减为较少的综合变量（主成分）。其中每个主成分与原始变量之间是线性组合关系，各个主成分相互间不具有相关性，传递的信息不同，并且转化而来的主成分能够传递原始变量的主要信息。

本书参考财政部等四部委提出的企业绩效评价指标体系，以盈利能力、运营能力、偿债能力、发展能力四个方面为切入点，运用主成分分析法构建企业经营绩效综合评价指标。本书选择的11 个企业经营绩效衡量指标分别是：总资产报酬率、净资产收益率、销售利润率、总资产周转率、流动资产周转率、资产负债率、流动比率、产权比率、总资产增长率、主营业务收入增长率、净利润增长率。本书选择上述经营绩效衡量指标主要是基于以下考虑：

（1）数据客观透明。这些计量性财务指标均可以从企业年报中直接或间接获得，上市公司公布的财务报表均经过第三方独立机构审计，客观公正。

（2）本书选取了样本公司 2011—2013 年三年的财务数据开展实证研究，而不是一年的财务数据，一定程度上避免了企业对会计利润的人为操纵。一般而言，操纵单一年度会计报表数据相对容易，连续三年操纵报表数据且逃过相关部门监管难度较大。

表 4 – 1　　　　　　　　　企业经营绩效评价指标

类别	指标名称	符号	计算公式
盈利能力	总资产报酬率	A_1	净利润 ÷ [（资产期末余额 + 资产期初余额）÷ 2]
	净资产收益率	A_2	净利润 ÷ 所有者权益
	销售净利率	A_3	净利润 ÷ 销售收入
运营能力	总资产周转率	A_4	营业收入 ÷（资产期末余额 + 资产期初余额）÷ 2
	流动资产周转率	A_5	营业收入 ÷ [（流动资产期末余额 + 流动资产期初余额）÷ 2]
偿债能力	资产负债率	A_6	总负债 ÷ 总资产
	流动比率	A_7	流动资产 ÷ 流动负债
	产权比率	A_8	负债 ÷ 所有者权益
发展能力	总资产增长率	A_9	（本年期末总资产 – 上年期末总资产）÷ 上年期末总资产
	主营业务收入增长率	A_{10}	本年主营业务收入增长额 ÷ 上年主营业务收入
	净利润增长率	A_{11}	（本年营业利润 – 上年营业利润）÷ 上年营业利润

4.4.1 自变量的选择

本书选择目标企业在财务公司中的持股比例作为自变量。

矿产资源类上市公司的经营绩效除了受资产结构影响外，也受其他因素的影响，因此，本书还选择了两个控制变量，分别是公司规模和股权集中度。公司规模会对企业的组织结构和决策方式产生影响，进而影响到企业的决策效率和经营效率，本书使用年末总资产的自然对数衡量企业规模的大小。股权集中度对公司治理结构存在重大影响，而公司治理结构会对公司绩效存在明显影响，本书的股权集中度采用目标公司前十大股东持股比例来度量。

4.4.2 模型构建

本书利用主成分分析法对选取的 11 个企业经营绩效评价指标进行主成分分析，由此得到一个综合绩效评价指标来代替众多的指标，作为被解释变量，同时，选择目标企业在财务公司中的持股比例作为解释变量，建立线性回归模型，利用 SPSS 18.0 软件对模型进行线性回归并对回归系数进行显著性检验。最后，结合基本假设，得出实证分析结论。

目标企业在财务公司中的持股比例与经营绩效多元回归模型构建的基本步骤如下：

1. 原始数据标准化。首先将样本数据进行标准化改造，目的是去除各项评价指标因正逆性质不同或量纲上的不同而造成的影响。

2. 计算协方差矩阵、相关系数矩阵的特征值和特征向量，目的是测量指标之间的相关程度，并计算贡献率与累积贡献率。

3. 确定主成分的个数，通常选取累积贡献率在 80% ~ 90% 且特征值大于 1 的前 m 个主成分。

4. 计算主成分载荷，建立主成分指标与初始指标之间的数学模型，并计算主成分指标综合得分。

5. 将主成分指标综合得分作为被解释变量，资产结构变量作为解释变量，建立多元线性回归模型来验证制造业上市公司资产结构与经营绩效的关系：

$$F = a + b_1 X + b_2 L_1 + b_3 L_2 + \varepsilon$$

其中，F 代表企业经营绩效，a 代表常数项，X 代表目标企业在财务公司中的持股比例，b_i（$i = 1$，2，3）代表各变量的回归系数，L_1、L_2 代表控制变量，ε 代表残差。

4.5 实证分析

4.5.1 绩效评价指标的确定

运用 SPSS 18.0 统计软件对 106 家矿产资源类上市公司 2011—2013 年的 11 个绩效评价指标数据进行分析，可得特征根、方差贡献率和累计方差贡献率，如表 4 – 2 所示。

表 4 – 2   特征根、方差贡献率及累计方差贡献率

主成分	特征根	方差贡献率（%）	累计方差贡献率（%）
F_1	2.61	23.72	23.72
F_2	2.37	21.52	45.24
F_3	1.98	18.02	63.25
F_4	1.89	17.21	80.46

续表

主成分	特征根	方差贡献率（%）	累计方差贡献率（%）
F_5	0.75	6.84	87.30
F_6	0.55	5.03	92.33
F_7	0.32	2.92	95.25
F_8	0.21	1.92	97.16
F_9	0.17	1.55	98.72
F_{10}	0.13	1.19	99.91
F_{11}	0.01	0.09	100.00

从表4-2中可以观测出，有4个主成分的特征根大于1，且这四个主成分的累计贡献率达到80.64%，则可以以主成分 F_1、F_2、F_3、F_4 代替原来的11个企业绩效评价指标，其所包含的信息占到原始指标信息量的80.64%。

表4-3   初始因子载荷矩阵

主成分 原始变量	F_1	F_2	F_3	F_4
总资产报酬率	-0.519	0.548	0.373	-0.178
净资产收益率	-0.517	-0.088	0.614	-0.143
销售利润率	-0.400	0.203	0.035	0.389
总资产周转率	0.480	0.833	0.024	-0.079
流动资产周转率	0.418	0.844	0.050	-0.148
资产负债率	0.741	-0.225	0.542	-0.035
流动比率	-0.064	0.383	-0.306	0.171
产权比率	0.767	-0.214	0.436	0.094
总资产增长率	-0.250	0.063	0.451	0.291
净利润增长率	-0.394	0.015	0.201	-0.618
主营业务收入增长率	-0.219	0.252	0.325	0.534

初始因子载荷量是主成分与原始绩效评价指标的相关系数，它反映了主成分与各财务指标之间的相关程度，通常相关系数的绝对值越大，表明该评价指标对这一主成分作出的贡献越大。

运用 SPSS 18.0 软件可生成各主成分的特征向量，将其与标准化数据（SPSS 18.0 软件自动生成并以 ZA_i 表示）相乘，可以得到主成分 F_1、F_2、F_3、F_4 的表达式。

$$F_1 = -0.32ZA_1 - 0.32ZA_2 - 0.25ZA_3 + 0.3ZA_4 + 0.26ZA_5 + 0.46ZA_6$$
$$- 0.04ZA_7 + 0.47ZA_8 - 0.15ZA_9 - 0.24ZA_{10} - 0.14ZA_{11}$$

$$F_2 = 0.36ZA_1 - 0.06ZA_2 + 0.13ZA_3 + 0.54ZA_4 + 0.55ZA_5 - 0.15ZA_6$$
$$+ 0.25ZA_7 - 0.14ZA_8 + 0.04ZA_9 + 0.01ZA_{10} + 0.16ZA_{11}$$

$$F_3 = 0.27ZA_1 + 0.44ZA_2 + 0.02ZA_3 + 0.02ZA_4 + 0.04ZA_5 + 0.39ZA_6$$
$$- 0.22ZA_7 + 0.31ZA_8 + 0.32ZA_9 + 0.14ZA_{10} + 0.23ZA_{11}$$

$$F_4 = -0.13ZA_1 - 0.1ZA_2 + 0.28ZA_3 - 0.06ZA_4 - 0.11ZA_5 - 0.03ZA_6$$
$$+ 0.12ZA_7 + 0.07ZA_8 + 0.21ZA_9 - 0.45ZA_{10} + 0.39ZA_{11}$$

绩效评价指标 $F = \sum \lambda_i F_\lambda (i = 1,2,3,4)$，其中，$\lambda$ 为各主成分对应的方差贡献率。

$$F = \lambda_1 F_1 + \lambda_2 F_2 + \lambda_3 F_3 + \lambda_4 F_4$$
$$= 0.24F_1 + 0.22F_2 + 0.18F_3 + 0.17F_4$$
$$= 2.71ZA_1 + 2.42ZA_2 + 2.06ZA_3 + 2.01ZA_4 + 0.86ZA_5 + 0.59ZA_6$$
$$+ 0.36ZA_7 + 0.25ZA_8 + 0.27ZA_9 + 0.08ZA_{10} + 0.15ZA_{11}$$

将 SPSS 18.0 处理后的标准化数据代入主成分，可以计算得到三年绩效评价指标的综合得分 F 值，并将其作为目标企业在财务公司中的持股比例与经营绩效线性回归模型的因变量。

表 4 - 4   描述性统计结果

变量	表示符号	样本期间	样本量	最小值	最大值	均值	标准差
目标企业在财务公司中的持股比例	X	2011 年	106	0	0.60	0.072	0.38
		2012 年	106	0	0.95	0.085	0.32
		2013 年	106	0	0.95	0.092	0.22

从表 4 - 4 可以看出，我国矿产资源类不同上市公司在财务公司中的持股比例之间存在显著差异，最大值与最小值相差较大，标准差也各不相同。其中，紫金矿业（601899）持有紫金财务公司 95% 的股份，中煤能源（601898）持有中煤财务公司 91% 的股份，属于设立财务公司的上市公司中持股比例较高的上市公司；然而，大多数矿产资源类上市公司或其母公司并未单独设立财务公司。

4.5.2 资产结构与经营绩效关系回归分析

对 2011—2013 年的样本数据运用 SPSS 18.0 软件进行回归分析后，得出的结果如表 4 - 5 和表 4 - 6 所示。

表 4 - 5   回归系数及显著性检验

模型	方差	自由度	均方	F 值	Sig.
回归	14.29	6	2.238	8.918	0.001
残差	58.9347	135	0.882		
总体	60.36	134			
R^2	0.73		D - W 值	1.897	

F 值是 F 检验的统计量，可以用于评价回归模型中被解释变量与所有解释变量之间的线性关系在总体上是否明显。Sig. 值是

统计显著性递减指标，Sig. 值越小，则表明样本中变量的关联能够代表总体中各变量关联关系的可靠性越大。由表 4-4 可观测出，F 检验值为 8. 198，因此，该回归模型中解释变量与被解释变量之间的线性相关关系总体上是显著的，该方程的拟合度较好。

　　D-W 值是德宾-沃森（Durbin-Watson）检验的统计量，D-W 检验是检验自相关性的方法，D-W 取值在 0 到 4，当 D-W 值显著接近 0 或者 4 时，存在自相关性，当 D-W 值接近 2 时，不存在自相关性。由表 4-5 可观测出，D-W 值为 1. 897，说明该回归方程的残差序列相互独立。

表 4-6　　　　　　　　　　回归系数及显著性检验

变量	非标准回归系数		标准回归系数	T 值	P 值
	系数	标准差			
常数量	8. 996	6. 771		1. 137	0. 013
目标公司在财务公司中的持股比例	1. 589	1. 653	0. 384	2. 675	0. 008
股权集中度	0. 117	0. 286	0. 012	2. 113	0. 007
公司规模	0. 005	0. 021	0. 003	0. 996	0. 019

　　回归系数是回归方程中表示解释变量对被解释变量影响大小的参数。回归系数绝对值越大，表示解释变量对被解释变量的影响越大。T 值是 T 检验的值，表示回归参数的显著性检验值，一般认为若 T 值的绝对值大于 2，解释变量对被解释变量的影响是显著的。

　　由表 4-6 所示回归结果可知，自变量回归系数为 1. 589，且 T 检验值为 2. 675，P 值为 0. 008，小于 0. 1，因此，在 10% 的显著性水平上，上市公司在财务公司中的持股比例与上市公司绩效呈显著正相关关系。

4.6　本章小结

本章对目标公司在财务公司中的持股比例与企业绩效之间的关系进行了实证研究。本章的绩效综合评价方法参照了财政部等四部委联合颁布的企业绩效评价体系，运用主成分分析法，从总资产报酬率、净资产收益率、销售利润率、总资产周转率、流动资产周转率、资产负债率、流动比率、产权比率、总资产增长率、主营业务收入增长率、净利润增长率中提取出 4 个主成分，以各主成分的方差贡献率作为权重，加权得到矿产资源类上市公司绩效评价指标。在此基础上，对 106 家矿产资源类上市公司的绩效进行评价，将评价结果作为因变量，目标公司在财务公司中的持股比例作为自变量，运用 SPSS 18.0 软件进行多元回归并进行统计显著性检验，实证研究结果表明，在 10% 的显著性水平下，矿业类上市公司在财务公司中的持股比例与公司绩效呈正相关关系。

第5章 SDGOLD集团金融管控分析

5.1 SDGOLD集团金融管控背景

5.1.1 金融管控的外部环境

经济金融化呈现快速、深入发展趋势，其主要表现为：（1）经济与金融不断融合。（2）经济关系日益金融化。一是经济关系的主要存在形式是债权债务关系、股权关系等金融关系；二是社会资产日益金融化，世界主要经济体的金融资产总量与国民生产总值的比率均超过 1.0，最高的甚至超过 4.0。2012 年，中国金融资产总规模达到 133.6 万亿元，金融总资产与 GDP 之比达到 2.57，中国经济的金融化率与发达国家之间的差距已经不明显。（3）融资脱媒现象突出，直接融资比重不断提升，发生金融倾斜逆转。直接融资，尤其是债券融资已经成为企业融资的基本方式，随着国内金融发展水平的提高和金融创新能力的不断提升，直接融资在社会融资总体规模中的比重将继续提高。

现代企业的发展不再单纯依赖自有资金、依靠自我积累实现，必须充分利用资本市场、货币市场来获取金融资源，然后投资于实体产业，在商品市场上取得竞争性优势。现代企业必须借助于资本链、资金链和产业链三个链条，打通资本市场、货币市场和商品市场。

5.1.2 黄金产业集团的发展趋势

长期以来，受制于黄金产业政策以及技术水平，国内黄金产业发展比较缓慢。但自从黄金市场化改革优化了黄金产业发展环境，黄金矿业投入力度加大，矿业勘探及采选冶技术提高，黄金产业、黄金市场发展迅猛。

中国黄金产业的发展呈现如下趋势：

1. 单个企业的资源储量、生产规模提高，并开始向黄金产业链的上游和下游发展。黄金产业企业不再是单一地采金矿山，而是成为黄金资源运营商，经营的金属品种也不再局限于黄金。

2. 黄金产业集中度提高，产量和资源不断集中到行业内的大型企业。规模较大的黄金企业从 20 世纪 90 年代末起，大量并购中小型金矿、提高勘探力度，资源及产量逐渐集中，至今形成 SDGOLD 集团、中国黄金、紫金矿业、招金矿业、灵宝黄金五家行业领先企业。五大公司年产量占全国的 50%，但从中小型金矿产量仍占据半壁江山的角度看，国内黄金矿业集中度依然过低。与国际市场相比，国内黄金产业集中度仍然偏低，表现在两个方面，一是五大黄金企业每家的黄金年产量均距百吨相差甚远；二是五大黄金企业资源控制量与国际领先企业差距明显。比如巴莱克（Barrick Gold）公司的黄金储量为 4307 吨，而中国黄金集团不及其 1/3。

3. 黄金的金融功能和特征不断得到挖掘和放大。一是形成了集中交易的现货市场和期货市场。二是黄金交易突破实物商品交易阶段，金融投资性黄金交易占比提高。

在国内黄金产业近十年的快速发展阶段，借助于黄金产业链在横向和纵向两个维度的拓展，逐步建立了"开采—加工—贸易"以及"实物金生产—金融产品研发"两个体系，多数黄金生产商已经突破黄金这一单一资源，转型成为黄金为主、多种金属共同开发的资源开发企业。预期未来产量和资源将会进一步集中、整合，但这需要足够的资金支持。另外，黄金的金融属性将会得到更充分的体现。

5.1.3　SDGOLD 集团的发展战略

SDGOLD 集团是国内五大黄金生产企业之一，是全国第一产金大省的龙头企业。近年来，SDGOLD 集团牢牢把握集团化与市场化两大趋势，积极主动地调整产业结构、转变发展方式，确立了"打造国内最具竞争力的黄金企业和国内领先、面向全球的现代矿业资源运营企业"的战略目标，明确了"黄金、有色、地产、金融"四大主业方向。

SDGOLD 集团经过"十一五"持续快速发展，企业规模、资源储量、经济实力有了历史性的突破，为集团发展奠定了坚实的基础，先进的内部管理机制为集团发展带来了内在动力，企业文化和品牌建设为集团发展打下了坚实的群众基础和品牌影响力。SDGOLD 集团将继续以科学发展观为指导，坚持改革开放，创新体制机制，继续大力实施金融、资源、资本和人才战略，把转变发展方式作为重中之重，大力推进结构调整、节能减排、技术创新和基础管理创新，加快自动化、信息化、国际化步伐，对标国内、国际同行业的先进企业，努力把 SDGOLD 集团引入资源和资本运作发展模式的国际资源竞争环境中，成为国内最具竞争力的矿业资源运营企业。

5.2 SDGOLD 集团资金管控

5.2.1 SDGOLD 集团资金管控的发展历程

1. 分散化管理阶段

2006 年以前，SDGOLD 集团对所属企业资金管控能力较差。随着 SDGOLD 集团的跨越式发展，资金分布越来越散，严重拖累了资金周转效率。2006 年，开始规划成立资金结算中心。

2. 资金结算中心阶段

2007 年，SDGOLD 集团正式成立资金结算中心。集团成立资金结算中心履行内部银行的职责，建设统一的资金池，形成规模资金，并按国家法律要求严格区分上市资金与非上市资金。

资金结算中心先后使用深圳拜特公司的资金结算软件、招商银行 CBS 系统，建成"银企直连"网上资金结算平台。SDGOLD 集团"银企直联"网络资金结算平台的具体运作模式是：资金结算中心在合作银行开立综合账户，成员单位在结算中心开立内部账户，资金结算中心的综合账户和成员单位的银行账户进行银企直连。集团通过资金余额管理控制各单位的资金流入、流出。2013 年第一季度，资金结算中心日均集中闲置资金 20 亿元，预计全年节约财务费用 1.2 亿元。

在对资金进行集中管理的同时，集团采取集权型融资管理模式，即集团总部作为集团融资中心，通过融资决策权限的高度集中，实现对成员单位融资行为的高度管控，有效保障集团经营发展目标的实现。

3. 财务公司阶段

SDGOLD 集团规模急剧膨胀，集团产业链不断延伸，内部各成员单位之间的资金流量迅速提高，对内部金融机构的要求更高、更专业，以进一步整合集团金融资源。SDGOLD 集团在长时间总结资金管理经验、广泛开展调研的基础上，提出设立财务公司的构想，得到集团董事会的认可，并获得省国资委的批复。设立财务公司，是实现 SDGOLD 集团可持续发展的必然选择。首先，设立财务公司是集团提高资金使用效率的要求。SDGOLD 集团是集采矿、选矿、冶炼、勘探、设计等多项业务于一体的大型企业集团，是国内黄金行业的龙头企业。SDGOLD 集团成员单位数量众多，且处于不同的行业和地域，资金收支周期不一致，客观上需要合理调剂。其次，设立财务公司能够提高集团财务风险应对能力。资金结算中心模式下，由于缺乏合法的资金与金融运作资格，造成了集团大量资金的闲置，并且在相关业务方面因缺乏资质，使集团在运作中增加了无形的财务风险。设立财务公司有助于集团完善财务风险管控体系。再次，设立财务公司是集团加强现金流管理的内在要求。SDGOLD 集团 2012 年现金流入流出总量为 1278 亿元，较 2011 年的 1163 亿元增长 10%。2012 年，SDGOLD 集团合并货币资金 56.88 亿元，资金结算中心资金归集额 24.17 亿元，资金集中度 43.16%，也就是 56.84% 的资金纳入集团资金池集中管理，其中一个重要原因就是上市公司独立性要求对归集股份公司资金构成政策障碍。财务公司可以突破这一障碍，将上市公司纳入集团统一管理，集团资金配置的范围更广、更有效。另外，设立财务公司能够解决其他模式存在的制度障碍。内部银行、结算中心等无法享受金融机构的待遇，无法进入同业市场拆借资金，在内部也只能是模拟市场化运作。通过设立财务公司，可以克服结算中心制度性的缺陷，从而对 SDGOLD 集团的闲置资金进行专业化的集中管理，成为 SDGOLD 集团发展的客观需求。最后，设立财务公司是集团产融结合的必由之路。SDGOLD 集团要实现进入国际矿业市场、参与国际竞争，相应地对金融服务的需求也将会日益呈现全方位、多层面的特点，这就需要具备金融牌照的机构来运作集团的金融资源，帮助集团进行资金筹划。财务公司符合这一要求，也是集团控股金融牌照机构的便利途径。

5.2.2　SDGOLD 集团财务公司

1. SDGOLD 集团财务公司运营模式

SDGOLD 集团财务公司坚持"集团化、市场化"和"效益、效率"原则，在资金集中管理、高效使用、合规运营的前提下，结合集团实际情况，采取"主辅结合"的方式进行资金集中管理，有效避免单一资金管理模式的不足。利用 ERP 和 INTERNET 技术集成资金流、信息流，构建集中式的资金管理信息系统。在资金集中管理上，按照银行信贷操作机制运作。采用"银行实体账户归集 + 代理行支付方式"作为资金集中管理的主要模式。与集团原资金集中管理模式相比，一是沿用原资金归集模式，避免新旧模式的冲突；二是增加直接对外支付功能，资金支出更加灵活，提升对外付款的及时性；三是可降低成员单位银行结算费用，节约资金成本，经测算，年可节约结算费用 50 万元左右。

考虑到成员单位受地域、监管等限制，财务公司为更好地服务于集团发展，为成员单位提供"收支一条线"和"收支两条线"两种辅助模式。

为保障集团资金结算中心向财务公司平稳过渡，SDGOLD 集团和财务公司制订了详细的具有较强操作性的过渡方案，具体如下：财务公司开业后，资金结算中心不再开展资金归集业务，其在财务公司成立前吸收的款项以集团结算中心的名义存入在财务公司开立的账户内；财务公司依据资金结算中心与成员单位共同确认的对账结果，依据资金结算中心的指令，将账户金额分配至各成员单位在财务公司开立的内部存款账户内；成员单位在使用资金时的处理办法是：若成员单位资金全部归集至财务公司，在"用款"或"对外支付"时，直接向财务公司发起指令，完成资金下拨或对外支付。若成员单位资金部分在资金结算中心，部分归集至财务公司。原则上成员单位应优先选择资金结算中心支付；资金结算中心根据时间安排，陆续归还成员单位存款，追回成员单位借款，最终完成清算工作。

SDGOLD 集团为进一步提升资金管理工作，明确定位，合理分工，对集团财务部和财务公司的职能定位进行了明确，增强了财务公司的经营自主性。

2. SDGOLD 集团财务公司职能定位

集团财务部的职能定位为建设为高水平的"筹融资决策中心、会计核算中心、财务管理中心"。筹融资决策中心：代表集团作为筹融资管控的决策者，通过建立健全资金管控、融资管控流程及规章制度，完善资金预算管理，结合相关政策要求，对集团整体的资金进行把握，决定融资行为的可行性及银行融资额度。会计核算中心：以国家政策、企业会计准则为准绳，持续完善会计核算体系，以记录、加工、整理经营信息，计划、控制、监督公司经营过程，为领导决策提供会计信息支持。财务管理中心：通过加强全面预算管理、资产管理、税务管理和财务工作考核，监督和制约集团及所属企业的财务活动；加强财务团队建设，提升财务总监团队素质，完善"可上可下、沟通顺畅"的财务管理体系。

财务公司的职能定位为以资金集中管理为基础，以"服务集团"为首要目标，打造高效优质的"资金管理平台、结算服务平台、融资运营平台"。资金管理平台：建立先进的资金管理信息系统、安全高效的账户管理及资金集中管理模式，按照成本可算、风险可控的原则，提高资金归集、调度效率。结算服务平台：搭建"成员企业—财务公司—外部银行"三方无缝连接的网络化结算体系，创新结算产品，提升服务水平，保障资金结算快捷、畅通，发挥资金结算的中枢作用。融资运营平台：依托集团黄金品牌和优质资源，创造优良信用，提高博弈能力，融通内外资金。统一银行融资和债券发行操作，通过转（再）贴现、信贷资产转让、同业拆借、发行金融债券、银团贷款等方式，进行低成本融资，满足集团融资需求。

3. SDGOLD 集团财务公司远期规划目标及业务发展策略

（1）远期规划目标

"十三五"期间，财务公司将紧紧围绕战略目标，高度对标行业标杆企业，持续完善金融服务职能，逐步实现"全牌照"经营资质，力争达到国内行业一流水平，并适时设立分支机构，打造优质金融服务平台，为集团产融结合保驾护航。

"十三五"期间，创新信贷、投资类业务为公司新的利润增长点，保持年均利润增速在 10% 以上，在财务公司行业当中，获利能力、创新能力、风险控制能力、增长能力将处于先进水平。

（2）业务发展策略

负债业务主要有存款业务、同业拆入、向中央银行再贴现、发行中长期债券等。业务发展策略为：不断提高金融服务质量，将成员单位的强制性、被动型归集转变为自愿性、主动型归集，通过合理程序和方式将上市公司资金纳入管控范围，提高可运作资金。同时要突破资金来源的单一性和短期性，通过发行金融债券、永续债等方式优化负债结构。

资产业务发展策略为：以安全性和流动性为核心，在风险可控的前提下，提高对成员单位的信贷支持力度，积极探索开展融资租赁业务，优化集团资产负债结构，实现集团轻资产的调整目的。

中间业务发展策略为：根据集团产业特性创新中间业务种类，提高中间业务规模，比如提供交易咨询等服务；积聚一批高端金融人才，为集团和成员企业提供富有黄金产业特色的金融服务。

（3）财务公司盈利模式

2015 年实现收入 4 亿元，创造利润 2 亿元。在财务公司成立的前期，应以成员单位对外的银行结算为依托，整合集团内外部金融资源，打造特色金融服务平台；随着金融业务能力的提升和其他各项中介服务的拓展，财务公司应在不断提高收益的前提下，充分发挥金融服务中心的职能，促进集团整体战略目标的实现。

5.2.3 小结

实践中，统收统支、拨付备用金、内部银行、结算中心、现金池和财务公司六种模式被企业集团普遍采用。SDGOLD 集团资金管控经历了分散管理、内部结算中心、财务公司三个阶段。SDGOLD 集团自 2007 年设立结算中心以来，虽然在降低资金成本、控制资金风险方面发挥了积极作用，但由于结算中心无法享受金融机构的待遇，不能进入同业市场拆借资金，在内部也只能是模拟市场化运作。通过设立财务公司，可以克服集团结算中心制度性的缺陷。结合目前实际情况，财务公司采取"主辅结合"的方式进行资金集中管理，有效避免单一资金管理模式的不足，采用"银行实体账户归集＋代理行支付方式"作为资金集中管理的主要模式。与集团原资金集中管理模式相比，增加直接对外支付功能，资金支出更加灵活，提升对外付款的时效性。下一步，财务公司要引入内部市场化机制，提高内部资本市场效率，更好地发挥财务公司的功能。

5.3 SDGOLD 集团融资管控

5.3.1 SDGOLD 集团的融资管控历程及其现状

随着 SDGOLD 集团规模的扩大、产业链的延伸，集团融资管控相继经历了分权管理、集权管理和混合管理三个阶段。矿业企业在融资方面与其他行业如制造业等相比，具有自身的特性，主要是因为矿山建设周期长、风险大。矿业一直被认为是高风险和高回报的行业，其融资模式更具市场化。

1. 分权管理阶段

2006 年以前，由于黄金价格长期低位运行，矿山企业资源勘探力度不足，黄金矿山企业面临资源枯竭、经营困难，SDGOLD 集团介入了生物制药、信息技术、教育等行业。在这一阶段，集团管控模式处于探索之中，并且集团公司是由 SDGOLD 工业局演变而来的，成员单位成立在先，集团成立在后，集团总部管控能力较弱，除重大融资事项的决策权在集团总部外，大部分融资决策权、融资执行权均在成员单位。各成员单位在融资方面自行其是，有的单位资金盈余较大，有的单位资金匮乏，但集团却不能相互调剂。这一阶段，集团融资的规模优势、协同效应没有发挥出来，整体融资成本偏高。

2. 集权管理阶段

2006—2012 年，SDGOLD 集团逐步加强集团管控，投融资决策权集中于集团总部，实行集权式财务管控。一是根据集团组织架构，设立总部、子集团、具体生产经营企业的三级财务管理体系。二是建立财务总监体系，向重要企业委派财务总监。

在资金管理和融资管理方面，一是组建资金结算中心，实行资金集中管理。二是采用黄金租赁、中期票据、私募债、股权信托等多种融资工具，优化融资结构。

SDGOLD 集团高速扩张，对外加大资源并购，对内加强基本建设、提高生产能力，自身经营性活动产生的现金流量无法满足资金需求，不得不大量举借外债，2012 年负债总额增加 170 亿元。经营活动现金远远不能满足资源扩张和项目建设的需要，2009—2012 年年缺口达 175 亿元。而其中经营活动现金流入主要来源于上市公司，除上市公司外的企业资金缺口更大。在融资管控方面，为满足集团快速扩张带来的资金需求，采取了集权式的融资管控。一是将融资决策权全部收归集团总部，成员企业的任何融资行为都必须经过总部审批。二是融资执行权部分集中。除黄金产业外，集团通过资源并购逐渐介入铅、锌等有色金属、铁等矿种的开采，并将逐步延伸至铅锌冶炼业；集团还进入旅游地产行业；为确保集团资源的可持续性，不断增加资源储备，集团成立了专门的矿产资源集团公司，负责资源的勘探、运作。这些行业在发展初期，自身融资能力欠缺，需要集团统一融资，然后配置到各子集团公司及三级单位。三是完善融资管控组织。2008年将资本运营从财务部分离，新组建的资本运营部负责股权融资、债券融资、创新类债权融资、黄金租赁等。集团财务部主要负责传统的银行贷款融资。

3. 混合管理阶段

经过多年的扩张发展，SDGOLD 集团收购了十几家矿山企业，在储备了大量矿产资源的同时，也支付了近百亿元的并购价款。而并购资金主要来源于间接融资，并且期限较短。另外，所购矿山生产规模较小，急需扩大产能，资金需求紧迫。SDGOLD 集团也开始考虑资产证券化问题，拟对 A 股进行增发及有色矿产资源境外上市。截至 2012 年 12 月 31 日，SDGOLD 集团资产负债率为 72.29%，净资产 140 亿元，融资额 300 亿元，其中一年内到期贷款 200 亿元，一年以上到期贷款 100 亿元。SDGOLD 集团已发行各类票据 84 亿元，主要包括短期融资券 20 亿元，中期票据 29 亿元，企业债 38 亿元，私募票据 25 亿元，其他大部分为银行贷款。

5.3.2　SDGOLD 集团融资管控存在的问题

SDGOLD 集团由于快速发展，融资方面存在两个方面的问题：一是资产负债率过高；二是短融长投问题突出。

1. 资产负债率过高。SDGOLD 集团要结合企业自身实际，准确把握资本结构中负债的"度"，即权益资本和债务资本的比例。金融机构以该指标的一定水平作为是否提供融资的限制条件。按照行业或者企业性质的不同，对资产负债率的要求也不同，一般以 75% 为限。SDGOLD 集团因为行业的特殊性，很多自有资金形成的勘探成果无法在报表中体现，导致报表资产负债率过高。

股权融资是一种最直接的权益融资，能对企业降低资产负债率起到立竿见影的作用。主要有以下几种途径：（1）通过对上市公司增发来直接融资。将集团母公司或者资源集团持有的矿产资源装入上市公司，回流现金，降低集团负债率。（2）将持有的有色资源在矿业资本市场成熟的其他地区或国家上市，募集资金。（3）引入私募股权投资基金。私募股权提供权益资本，不需要按期还本付息，根据公司经营情况和现金流状况分配红利，能有效改善资金来源结构，降低企业财务危机发生的可能性。（4）集合信托。采取集合资金依托，可在保持原有持股比例不变的情况下，满足企业发展的资金需求。例如，SDGOLD 集团可通过与信托公司合作，发行信托计划，采用股权投资方式，即 90% 的股权为信托公司，实质控制权则由 SDGOLD 集团行使。

2. 短融长投问题。短融长投造成企业资金来源与占用的期限错配，增大了集团的财务风险。SDGOLD 集团可以采用发行中期票据、企业债、私募票据等直接融资方式；或者银行并购贷款来解决期限错配问题。中期票据、企业债、私募票据一般为三年期或者五年期，可有效缓解企业短期贷款占比过重的问题。SD-GOLD 集团近几年的资金投向主要是并购及项目建设，金融机构有专门的并购贷款，产品期限长，可满足企业需求。

相对于发达国家，我国的矿业评估机构和机制不够完善，没有发达的资本市场的支持。对于风险探矿投入没有资金来源，融资渠道较为窄小，国外盛行的 VC 和项目融资等模式在我国受阻。民间资本虽然很活跃，但企业通过此模式融资的成本太高。

5.3.3　加强 SDGOLD 集团融资管控的对策

因上述融资过程中出现的问题，某种程度上来讲是由于融资高度集权造成的。在高度集权的背景下，各成员单位在进行并购、基建投资决策时，并不考虑资金来源、资产负债率、资金成本等问题，导致各单位竞相争夺集团有限的资金。正是由于融资风险与收益的失衡，集团资产负债率和资金成本居高不下，导致了短融长投等财务风险。要解决上述问题，除了融资方式的改变，还应当调整目前的融资管控模式，从高度集权转为集权与分权合理搭配的模式。特别是财务公司的成立、运行，为资金在集团内部的市场化配置提供了一个平台和渠道。一是要下放融资执行权。集团总部应当将融资管控的重点放在重大融资事项的决策权、资本结构的优化、融资绩效评价和融资风险的管控上，由成员单位履行融资执行权。二是要对成员单位进行分类管理。不同类别企业授予不同的决策权限。三是要借助于财务公司利用好内部资本市场，提高资金配置效率。财务公司要将各单位存放的资金、自身及集团总部融通的资金，以市场化的方式配置到各成员企业。SDGOLD 集团融资管控经历了分权管理、集权管理和混合管理三个阶段。在集权管理的背景下，各成员单位在进行并购、基建投资决策时，并不考虑资金来源、资产负债率、资金成本等问题，导致各单位竞相争夺集团有限的资金。融资风险与收益的失衡，导致了集团资产负债率和资金成本居高不下，造成短融长投等财务风险。除改变融资方式外，需要调整融资管控模式，从集权管理转为集权与分权相结合的模式，集团总部管好融资决策，把融资执行权下放给成员企业。

5.3.4　小结

从企业集团层面来看，集团融资管控的重点在于融资预测与融资决策以及目标资本结构的规划。企业集团融资管控的核心是融资权限的划分，也就是集团总部与成员单位之间在融资活动中的权利分割。企业集团应当根据自身发展阶段、发展战略等选择适当的管控模式，在集权和分权之间进行有效平衡。

SDGOLD 集团融资管控经历了分权管理、集权管理和混合管理三个阶段。在集权管理的背景下，各成员单位在进行并购、基建投资决策时，并不考虑资金来源、资产负债率、资金成本等问题，导致各单位竞相争夺集团有限的资金。融资风险与收益的失衡，导致了集团资产负债率和资金成本居高不下，造成短融长投等财务风险。除改变融资方式外，需要调整融资管控模式，从集权管理转为集权与分权相结合的模式，集团总部管好融资决策，把融资执行权下放给成员企业。

5.4 SDGOLD 集团资本运营管控

5.4.1 SDGOLD 集团的资本运营管控历程

2003 年 8 月，以新城金矿为主体的 SDGOLD 集团在 A 股上市，集团公司正式进入股权资本市场，改变了之前完全靠自有资金和借贷资本发展的状况，集团公司初步拥有了国际黄金矿业循环发展模式所必需的资本平台。集团的公司战略、公司文化、经营理念、管理模式不断走向成熟，资本运营始终贯穿战略决策和战略实施的全过程。

1. 通过集团内部产业结构调整，非核心业务的退出，突出矿业核心产业。

集团公司在以前的经营活动中坚持多元化的产业发展战略，投资的业务范围包括矿业、地产、旅游、交通、工程、电力、建材、生物制药、零售服务、餐饮服务等多个领域。集团公司"内强机制、外抢资源"的发展战略重新确立后，公司对多个领域的投资进行了清理、剥离，截至 2008 年底，退出企业 20 多家。管理资源不断向矿业核心产业集中，形成了黄金矿业股份公司、有色集团、财务公司、金控资本公司和地产旅游公司的产业格局。

2. 通过内部资产重组，实现集团黄金矿业产业整体上市，使集团黄金矿业产业价值得以充分体现。

2003 年矿业公司上市，募集资金 2.7 亿元，其中 1.38 亿元用于购买集团公司焦家金矿资产；2008 年通过增发，将集团公司三山岛、玲珑、沂南、鑫汇等成熟黄金矿业资产全部装入股份公司，实现集团黄金矿业产业整体上市。股份公司以资源为纽带，推进矿山资源、生产系统整合，凸显规模优势，矿石处理量和黄金产量同比大幅提升；推进设备物资管理、财务管理、人员管理整合，实现了巨大的整合效应。2003 年股份公司上市时的市值是 7.6 亿元，截至 2017 年 11 月 20 日，市值达 573 亿元。

3. 通过外部兼并收购，实现集团公司矿业产业快速发展。

2005 年 4 月，股份公司以 4845 万元收购山东金洲矿业集团 51% 的股权；2006 年，集团公司以 5 亿元整体收购莱州金仓矿业；2006—2008 年，集团公司相继投资 14 亿元收购、参股莱州鲁地金矿项目、东风矿田项目、贵州贞丰矿业、陕西商南矾矿、昌邑铁矿、河南嵩县石盘沟金矿、河南嵩县九仗沟金矿、蒙古铁矿、蓬莱矿业、海南抱伦金矿 10 个项目；2008 年投资 7.82 亿元，主要用于收购嵩县天运、嵩县山金、蓬莱矿业等 5 家公司的股权；2009 年投资 14.16 亿元，主要用于收购海南山金、归来庄矿业公司等 3 家公司的股权；2010 年投资 15.05 亿元，主要用于收购青岛鑫莱、内蒙古阿尔哈达等 4 家公司的股权；2011 年投资 28.48 亿元，主要用于收购或增资金石、呼伦贝尔等 5 家公司；2012 年投资 98.95 亿元，主要用于收购天承、盛大、中宝矿业等 9 家公司的股权，以及新设和增资 4 家公司。

2008—2012 年，集团重大投资项目共实施 55 项，截至 2012 年实际完成投资 246.59 亿元，其中固定资产投资项目 21 项，实际完成投资 77.21 亿元；无形资产投资项目 4 项，实际完成投资 3.92 亿元；长期股权投资项目 29 项，实际完成投资 164.46 亿元；金融投资 1 项，实际完成投资 1 亿元。

上述并购和投资项目的成功实施，大幅提高了集团公司的资源储备，扩大了公司产能，为集团公司矿业发展奠定了坚实的资源和产能基础。值得一提的是，集团公司整体收购莱州金仓矿业后，通过有效整合资源，产生了巨大的并购整合协同效应、协同价值，成为中国矿业界成功资本运营、兼并收购的典型案例。

5.4.2 SDGOLD 集团的资本运营管控效果分析

资产证券化是指资产转化为证券并进行流通，是金融脱媒的一种表现。本书主要是以 SDGOLD 集团近年利用上市公司不断注入资产，使其资产价值增值达到资产证券化为主要研究对象展开的。

1. SDGOLD 矿业股份有限公司运作分析

SDGOLD 矿业股份有限公司（以下简称股份公司）是一家集采、选、冶于一体的大型上市公司。股份公司成立于 2000 年 1 月；2003 年向社会公开发行 6000 万股 A 股股票，并在上海证券交易所上市交易；2006 年完成股权分置改革；2008 年实施非公开定向增发。股份公司先后荣获"中国有色金属行业最具投资价值上市公司""中国十佳金牌上市公司""金牛上市公司百强""金牛最高效率上市公司""金牛最受投资者信赖上市公司""中国主板上市公司价值百强""2012 中国上市公司十佳法律风险管理奖""2012 中国上市公司综合实力 100 强"，荣登"2012 中国上市公司诚信企业百强榜第二位"，蝉联"中国上市公司资本品牌百强""中国上市公司市值管理百佳""优秀董事会"等多项殊荣。值得一提的是，SDGOLD 股票 10 年累计涨幅达 34 倍，高居中国沪深股市榜首。

股份公司自 2000 年 1 月 31 日，以新城金矿为主体发起设

立，注入资产价值 1.5 亿元，集团公司持有其 97% 的股份；2003
年 8 月 28 日，股份公司以焦家金矿、新城金矿深部开采等作为
募投项目，公开发行 6000 万股 A 股股票，发行价格为 4.78 元/
股，募集资金 28.68 亿元；2006 年 3 月 31 日，推行"非流通股
东向流通股东每 10 股送 2.5 股"的股权分置改革；2008 年 1 月
28 日，股份公司以非公开发行股票方式收购集团所属的玲珑金
矿、三山岛、沂南金矿等资产及股权，共募集资金 10 亿元。

　　股份公司自上市以来，各项业务均稳定增长，截至 2012 年
12 月 31 日，集团资产为 519.28 亿元，股份公司资产为 174.6 亿
元，主营业务收入 502.28 亿元，净利润 21.71 亿元。其各年经
营情况如表 5-1 所示。

表 5-1　　　　　　　上市股份公司各年经营情况

截至年度	主营收入	净利润	每股收益	市盈率	利息保障倍数
12 月 31 日	亿元	亿元	元	x	x
2004	15.41	0.58	0.36	/	19.48
2005	38.03	0.86	0.55	/	9.9
2006	39.29	1.28	0.8	/	11.25
2007	99.29	3.67	1.23	140.2	20.19
2008	198.73	8.96	1.88	26.9	12.98
2009	233.6	10.94	2.1	76.47	14.54
2010	315.15	17.88	3.41	61.29	17.27
2011	394.15	19.02	5.31	21.18	15.81
2012	502.28	21.71	6.07	24.94	11.58

　　股份公司 2003 年上市后，经营业绩比较突出，其股价也受
到良好的经营业绩影响不断上涨，上市公司 2003—2012 年行情
走势如图 5-1 所示。

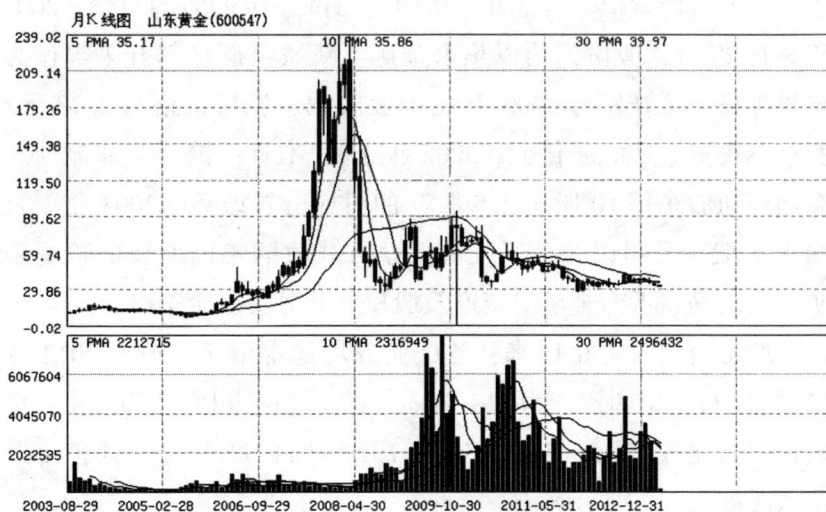

图 5 - 1　SDGOLD 股票行情走势

　　SDGOLD 集团公司是以黄金资源为主业的矿业集团公司，近几年通过搭建上市平台公司，充分利用金融资本，做大做强主业，起到了重要作用。

　　（1）财务数据对比分析

　　自 2003 年股份公司上市以来，集团公司不断将其矿山资产注入上市公司，使整个集团公司的资产总量得到提高，尤其是经营能力得到大幅提升，集团公司与股份公司各年财务数据如表 5 - 2 所示。

表 5 - 2　　　　　　　　　财务指标对比　　　　　　　单位：亿元

年底	资产		收入	
截至 12 月 31 日	集团	股份	集团	股份
2005	81. 36	13. 54	50. 12	38. 02

续表

年底	资产		收入	
截至 12 月 31 日	集团	股份	集团	股份
2006	97. 47	13. 68	52. 93	39. 29
2007	113. 74	18. 46	126. 01	99. 29
2008	135. 16	41. 95	214. 38	198. 73
2009	170. 05	62. 63	251. 36	233. 6
2010	247. 45	95. 83	349. 38	315. 15
2011	310. 85	126. 61	434. 83	394. 15
2012	519. 18	174. 6	572. 27	502. 28

资料来源：根据公司年报整理而得。

（2）资产发展对比分析

集团公司自 2006 年采取资源扩张策略，各业务板块以做大做强为目标，不断加大资源合作、开发和并购步伐，使集团的资产总额迅速扩张。2012 年底，集团资产总额为 519. 18 亿元，是 2005 年的 6. 38 倍。在"抢夺资源"大的前提背景下，股份公司同时也加紧资源并购步伐，据统计，股份公司自 2006 年起共投入自有资金 31. 34 亿元收购省内外黄金资源。2012 年的资产总额为 174. 6 亿元，是 2005 年底的 12. 9 倍。其资产对比情况如图 5 - 2 所示。

（3）收入对比分析

集团公司与其股份公司在 2005—2012 年，其营业收入均处于上升阶段，平均每年的增长率保持在 65% 以上。集团营业收入的快速增长，主要源于股份公司营业收入的高增长率，通过图 5 - 3，我们可以看出，集团的营业收入 87% 以上均来自股份公司，尤其是 2009 年，股份公司的营业收入占整个集团公司营业收入的 92.83% 。由此可以看出，股份公司的上市运作给集团公司的发展带来了巨大成功和贡献。

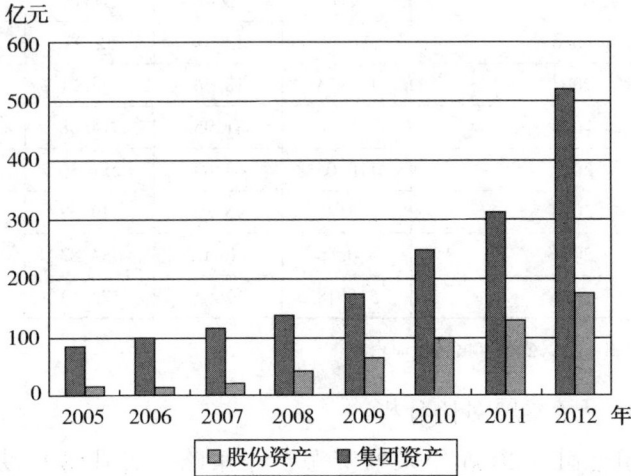

图 5 - 2　资产对比情况

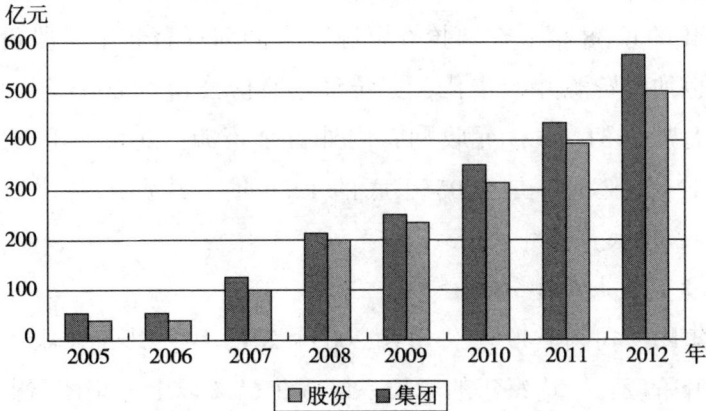

图 5 - 3　收入对比情况

2. 资源并购及资源转化为资本价值分析

（1）资源并购情况

集团公司自 2006 年起至 2012 年，共计完成对外并购 37 起，涉及金额 174.1 亿元。具体分析如下。

2006 年，集团及集团下属各版块完成并购 3 起，涉及金额 5.78 亿元；2007 年，完成并购 5 起，涉及金额 14.34 亿元；2008 年，完成并购 5 起，涉及金额 3.42 亿元；2009 年，完成并购 4 起，涉及金额 12.31 亿元；2010 年，完成并购 6 起，涉及金额 31.54 亿元；2011 年，完成并购 2 起，涉及金额 7.76 亿元；2012 年，完成并购 12 起，涉及金额 98.95 亿元。总体趋势是并购力度逐年上升（见图 5-4）。

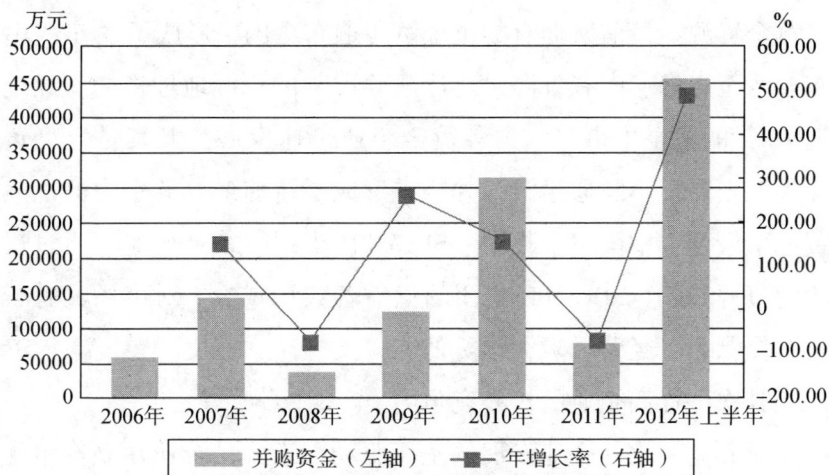

图 5-4　集团公司年度投资汇总

在已统计出的上述并购项目中，黄金并购项目 18 个，有色金属并购项目 10 个，地产并购项目 2 个。并购项目中金及有色金属占绝大多数。

新并购项目所在地，逐步由省内到省外发展。省内项目以整合胶东优质黄金成矿带资源为主，省外以抢抓集团战略矿产资源为主。目前，集团并购项目已经涉及山东、山西、陕西、河南、内蒙古、甘肃、青海、海南等省份。

（2）资源并购的效用分析

从国际优秀矿业企业发展看，资源并购是其控制矿产资源、迈向优秀企业的必要方式。并购增强了其资产储备，提高了现实和潜在的竞争能力，有利于获取规模经济利益。

首先，降低企业的经营风险。

SDGOLD 集团自 2006 年以来，加快资源并购步伐，不断扩张黄金资源。目前所拥有的黄金资源遍布全国，形成了"东居山东、西至青海、南有青海、北达内蒙古"的资源地理格局。经过近 10 年的黄金牛市，国内各黄金企业迅速发展，尤其是大型黄金生产企业，不断通过资源并购，形成了目前最具竞争力的三大黄金生产商：中国黄金集团、SDGOLD 集团、紫金矿业。通过快速的资源并购，SDGOLD 集团的竞争者数量减少，对市场具有较强的控制力，经营风险大幅降低。

其次，提高企业的核心竞争力。

核心竞争力是企业发展的主要驱动因素，是企业建立竞争优势的基础。尤其是对矿业企业来说，矿产资源是企业生存的基础，也是资源性行业资源配置的基本要求。

SDGOLD 集团自 2006 年起，不断强化"资源是企业发展无法动摇的关键因素"的理念，把资源储备列为 SDGOLD 集团的生命线，持续的资源扩张，让 SDGOLD 集团跨上了快速增长的道路。近年来，通过资本运营频繁开展收购和资源的系统整合让集团的资源储量已蔚为可观。资源规模和价值迅速增长，总矿权面积超过 1300 平方千米，资源潜在价值超过 4800 亿元。2012 年，SDGOLD 集团的黄金产量超过 30 吨，达 33.07 吨，是 2006 年的 2.53 倍，实现了黄金产量全国第一的目标。截至 2012 年底，SDGOLD 集团拥有的金矿石量为 3.84 亿吨，金金属量 1300 吨，相比 2006 年均呈现大幅增长趋势。

最后，实现规模经济效益。

企业并购是企业资本运营的重要手段，尤其是从整个企业经营的角度来说，横向并购会带来规模经济效益，提高企业的生产效率，并且能节约成本。SDGOLD 集团的金矿资源 85% 集中在山东省内，尤其是集中在招莱地区的焦家、新城、三山岛、玲珑等几座大型矿山。近几年黄金价格大幅上涨，由 2007 年的约 700 美元/盎司上涨至 2011 年高点 1900 美元/盎司，使前期不具备经济开采价值的资源具有可采条件。SDGOLD 集团在省内并购的几座大型矿山企业，如蓬莱金创、天承、盛大等，共计投入约 90 亿元的资金，新增金资源量达 250 余吨，使招莱地区的矿权外围及深部都可以大规模开采。三山岛金矿 8000 吨/日项目主体工程完工；焦家金矿 6000 吨/日项目寺庄辅助斜坡道交付使用，选厂扩能改造后处理规模达到 9000 吨/日以上等，都使招莱地区能够实现大规模生产，降低单位固定成本，实现规模经济的协同效应。

3. 企业黄金资产整体上市分析

整体上市就是企业调整管理边界，把集团非上市资产、业务转化成上市公司控制的资源，以最大限度地提高资源配置效率。

（1）SDGOLD 集团板块介绍

SDGOLD 集团管控体系以母子公司管控为主体，采取战略管控模式进行管理，部分二级公司按照专业关系委托管理公司管理。目前 SDGOLD 集团所属有六大板块（见图 5 - 5），其主要管理公司为：SDGOLD 矿业股份公司、SDGOLD 有色矿业集团公司、SDGOLD 矿产资源集团公司、SDGOLD 地产旅游集团公司及金融板块的 SDGOLD 财务公司、SDGOLD 金控资本管理有限公司。

图 5 - 5　集团公司架构

正如图 5 - 5 所示，股份公司主要资产为黄金资源。有色矿业集团主要经营铁、铅、锌、钼等资源，也存在黄金矿产。另外以勘探为主体的企业，旗下也有不少黄金资源的探矿权。

股份公司自 2003 年上市以来，集团不断通过非公开定向增发、资产重组等方式，来实现集团黄金资产的整体上市，在避免关联交易、减少同业竞争的同时，也实现了企业资产保值增值的目标。

（2）黄金资产整体上市效用分析

首先，整体上市提升了企业品牌价值。

整体上市能够解决关联交易问题，规范上市公司与集团内其他成员企业的关系，同时整合了黄金资源。有利于挖掘规模优势和发挥协同效应，从而提升了整个企业集团的竞争能力，从而提高企业的价值创造能力。

股份公司自上市以来凭借雄厚的实力，良好的业绩和信誉，规范的治理，先后荣获"中国上市公司市场投资者（股民）满意信赖十佳品牌单位""中国上市公司成长百强""股东回报百强""金牛百强奖""最佳董事会""中国 25 家最受尊敬上市公司大奖"和"中国上市公司金牌董事会""中国百佳创新示范企业"等称号。

股份公司的成功运作，在一定程度上也促进了集团公司的发展，同时提升了整个集团公司的品牌价值。SDGOLD 集团自 2008 年以来，因其综合实力和品牌价值不断提升，在国内 500 强企业的排名不断提高。2008 年中国 500 强企业中排名 346 位，2012 年排名 220 位。

其次，提升了股份公司的综合实力。

股份公司在 2008 年，通过发行股份收购玲珑、三山岛等金矿资产，完成增发工作，至此股份公司各项经营业绩均出现大幅提升，其具体情况见表 5 - 3。

表 5 – 3   增发前后各项指标对比

指标名称	增发前		增发后	
	2006 年	2007 年	2008 年	2009 年
偿债能力				
资产负债率	42.18%	45.73%	45.64%	49.08%
流动比率	0.89	1.02	0.63	0.85
速动比率	0.72	0.89	0.51	0.73
盈利能力				
每股收益	0.8	1.23	1.88	2.1
净资产收益率	19.64%	21.16%	29.20%	26.57%
资产经营现金流量回报率	0.21	0.12	0.27	0.22
成长能力				
每股经营现金流量增长率	– 44.22%	– 26.52%	38.08%	– 41.25%
净资产增长率	9.88%	46.61%	142.35%	31.29%

我们比较了股份公司在 2008 年增发前后的公司偿债能力、盈利能力和成长能力等财务指标的变化。股份公司在增发前两年资产负债率分别为 42.18%、45.73%，增发完成后分别为 45.64%、49.08%，比例略有上升，但变动不大。而速动比率、流动比率降低较为明显，说明增发之前资金闲置现象突出，增发完成后两年资产负债率基本无变化，而资金的运作效率大幅提高，因此资本运营能力也提升了。

盈利能力方面，公司增发前 2006 年、2007 年每股收益分别为 0.8 元、1.23 元，增发后 2008 年、2009 年每股收益分别提高到 1.88 元、2.1 元，提高幅度较大，尤其是净资产收益率分别由 19.64%、21.16%提升至 29.20%、26.57%。说明，公司在完成增发后，盈利能力有较大提高，对提升企业价值起到了很大的作用。由于其资产的经营现金流量回报率提升也较为明显，盈利能力的质量得到了很好的保证。

一个企业综合实力的不断提升要重视目前的经营业绩，更要关注持续发展能力和发展前景。从股份公司的成长能力来看，每股经营现金流量增长率由 2007 年的 -26.52%，提升至 2008 年的 38.08%，直接由负增长变为正增长。尤其是净资产增长率，在 2007 年为 46.61%，2008 年为 142.35%，说明增发促进了企业成长潜力的开发。

总的来说，企业完成增发后各项财务指标得到明显的改善，因此企业黄金资产的整体上市工作整体上提高了企业的实力，增强了企业的发展潜力。

5.4.3　提升 SDGOLD 集团资本运营管控效果的思路

1. 存在的问题

（1）资本运营平台有待完善

资本运营平台是积极开展公司资本运营工作的基础，只有拥有完善的运营平台，各种金融手段和方式才能充分发挥作用。目前就国内黄金行业的主要竞争对手紫金矿业和中国黄金集团来看，紫金矿业早在 2003 年就在香港上市，2008 年在内地 A 股上市；中金矿业在 2003 年内地 A 股上市，2010 年在香港主板上市。上述两家公司均拥有内地和香港两个资本运营平台，能充分采取灵活的运营手段。相比之下，SDGOLD 集团目前只拥有内地 A 股一个运营平台，运营平台不够灵活，需尽快完善平台的构架，缩短操作方式上的差距。

（2）资本市场利用效率有待提高

企业的融资渠道包括股权融资和债务融资两种方式，只有综合利用两种融资手段，企业才能构建合理的资本结构，实现企业价值的最大化目标。从三家黄金公司的股东持股比例来看，紫金矿业持股比例情况相对较为分散，最大股东持股比例为28.96%；中金黄金最大股东中国黄金集团持股比例为52.4%；SDGOLD 股份公司最大股东集团公司共计持股比例为51.38%。从上述比较来看，中国黄金集团与 SDGOLD 集团都保持了国有控股地位，在利用上市公司进行股权融资方面不如紫金矿业灵活，限制较多。目前，集团整体和下属各板块的资产负债率均较高，债务融资空间趋顶，而由于要保持上市公司绝对控股地位的要求和且较为严格的国有资产监管政策，SDGOLD 集团在利用上市公司股权融资方面空间有限，对资本市场利用效率不高。

（3）资产负债率高位运行，直接融资空间受限

集团发展到目前阶段，体量不断增大，对资本的要求，包括资本的规模、资本的结构都大大提高。自 2009 年以来，SDGOLD 集团公司的并购规模及项目建设规模均超过 200 亿元。对于其大量的资金需求，集团基本上采取资本市场的债务融资和银行贷款解决，致使目前集团的负债率超过 70%，处于较高水平。并且受净资产规模的限制，集团公司债务融资空间受到限制，需通过再融资，进一步提高净资产规模，在增加权益资本的同时，为集团公司长期债务融资创造条件，建立科学合理的资本结构，支持集团的可持续发展。

（4）资产证券化水平偏低

对矿业企业来说，企业经营发展要求盘活现有存量资产和拓

展企业资金来源。集团公司目前仅股份公司一家上市公司，其资产证券化率仅为 33.62%，集团所属的资源价值并没有通过上市公司完全体现出来。并且为了顺利实施上述发展战略，抢占市场先机，集团公司加大了对外黄金矿山和资源并购的力度。这些并购行为在增加集团公司资源实力的同时，加大了集团公司的资金压力和财务负担，也形成了集团公司与矿业股份公司之间的同业竞争。因此，为更好地提高股份公司的上市资本运营水平，应提高集团的资产证券化水平。

2. 提升思路

从对世界黄金矿业发展规律的认识，到与国内竞争对手的横向比较，以及 SDGOLD 集团自身发展过程的回顾，从而明确了 SDGOLD 集团所处的坐标及发展方向，结合 SDGOLD 集团自身的实际状况，本书认为 SDGOLD 集团未来的资本运营工作应坚持"以集团发展战略为指导"这个中心，牢牢抓住兼并收购、资产重组、资本结构调整这三个基本点，充分利用资本运作的各种工具和手段，对内优化资源配置，对外扩大黄金主业规模，提升集团创造价值能力。

（1）兼并收购

兼并收购是公司发展到一定阶段时做大做强的战略选择，是内因驱动和外因条件时机相结合的自然产物。2008 年下半年，国务院陆续出台了有色金属行业等十个支柱产业振兴规划，并将重点行业结构调整作为加大投资过程中的重要工作，促进企业联合、兼并重组，培育具有国际竞争力的大型企业集团。各级政府、社会舆论对通过兼并重组扶持龙头企业、提高行业集中度和产业竞争力的重要意义均予以肯定。资本市场持续低迷为企业实施兼并重组营造了良好机遇。无论是从宏观还是微观，都为 SD-GOLD 集团提供了难得的历史时机，SDGOLD 集团应抓住这一机遇，积极稳妥地开展工作，并购 1～3 家对集团具有重要战略意义的大型运营矿山，尤其是在资本市场要有所突破，并购所需资金主要由并购贷款、资本市场融资解决。同时集团必须实施国际化战略，尝试参与国际并购。

（2）资产重组

资产重组是公司优化配置内部资源、提升公司价值的重要方式。从 SDGOLD 集团公司的状况看，实施资产重组，尽快将资源优势转化为资金优势和资本优势，对实现集团新的三年发展规划，具有重要的现实意义。SDGOLD 集团要充分利用上市公司这个资本运作平台，加强集团掌握的矿产资源的运营管理，通过增发、配股、转让等方式，向上市公司注入黄金资源储备，增强上市公司实力，实现集团资源、资产、资本、资金的持续良性循环。通过资产重组，剥离、出售没有竞争优势的产业和企业，将公司资源向优势产业集中，提升竞争差异优势。

（3）资本结构调整

采取多种途径优化资本结构，提升公司融资能力和拓宽融资空间，降低企业融资成本，降低企业资产流动性风险，为公司的发展战略提供低成本资金支撑，不断提升企业价值。SDGOLD 矿业股份公司可以充分利用股权和债权两个资本市场的融资功能，根据不同时期的资本市场环境和股份公司的资本结构，在适当时机交替运用股权融资和债权融资两种基础融资方式：以股权融资降低公司资产负债率，提高公司债权融资的承受能力；合理运用财务杠杆，以债权融资提高公司股份每股收益，提升公司股价，为公司股权融资提供窗口，实现股权融资和债权融资的良性循环、合理股债比例。要发挥产业优势，借助黄金产品的金融属性，合理选择以下融资方式：项目融资、黄金租赁、并购贷款、私募基金战略投资以及黄金预售凭证，通过多种融资方式的运用，优化公司资本杠杆比例、长短期债务比例和长短期偿债能力，降低公司资金成本，以低成本保证公司发展的资金需求。要充分利用各种资本市场融资工具，开辟新的融资渠道，获取长期、稳定的资金来源，优化负债结构。同时，依托现有新建项目，尽快完善项目融资主体条件，通过引进战略合作者或开展项目融资，满足项目的资金需求，加快项目进程，分解集团财务风险，把风险控制在可容忍范围内。

3. 具体提升措施

（1）提高动态市值管理水平，提高资本配置与运行效率

股票市场是直接融资的重要渠道和载体，能够显著提高实体产业的经营效率和改善资本结构，并且良好的市值管理可以提高上市公司的市值水平，高的公司市值有利于降低公司的资本成本，上市公司比非上市公司、高市值上市公司比低市值上市公司可供选择的融资方式更丰富、融资渠道更通畅。尤其是对国有企业来说，并非一定要达到绝对控股比例，可以通过以下做法实现市值的灵活管理。

在确保能够实质控制的前提下，合理确定国有股东持股比例。上市公司国有控股股东要结合上市公司所处行业、股权结构、盈利水平等情况，确定最低持股比例，每年固定时间向国资监管部门确认。最低持股比例确认后，国有控股股东可根据需要和资本市场情况，在确保最低持股比例的前提下，每年转（受）让不超

过所控股上市公司总股本 5% 的股份。提前谋划，预先确定资本证券化工作方案。国有控股股东要加强对资本市场的研究和判断，结合所控股上市公司股权结构情况，制订资产证券化战略、实施预案。探索开展上市公司市值管理，通过增减持、资产注入或其他市场化手段，维护公司股价相对稳定，树立资本市场良好形象。

（2）加快推进企业整体上市进程，提高资产证券化速度和水平

企业整体上市能在一定程度上完善公司治理结构，调整企业内部产业结构，提高综合管理水平，同时也会使企业各业务之间产生规模经济和协同效应。企业资产的分类、逐步注入以及非相关资产的单独上市，可以有效地解决上市公司与母公司之间的关联交易，避免同业竞争，提高整个集团公司的管理效率和资本运营水平。具体措施如下：以现有上市公司为平台和载体实施主业整体上市。重点推动非上市黄金矿山及矿权进入上市公司，加大关联资产的重组整合力度，逐步解决影响资产注入的相关问题，充分利用定增、吸收合并等方式逐步将主业资产注入上市公司；加快未上市非金资产上市工作步伐。按照分板块整体上市的方式，推进产业、资产、人员等方面的调整重组，加快子集团公司股份制改制和上市进程。

（3）合理选择融资渠道，持续优化资本结构

企业通过选择合适的融资工具，既可满足资金需求又能形成合理的资本结构，并能提升企业价值。由于企业资本结构的优化目标是企业价值最大化，因此，资本结构是否优化是企业融资决策的关键影响因素，涉及企业融资、经营、利益分配等各个方面。通过企业资产证券化将资产设计成多等级证券，利用资产组合实施资产负债管理，提高企业资产流动性，降低融资成本。企

业应当设计资产证券化路径，将其上升为财务战略的一部分，在深入分析企业经营战略规划和资金流动特征以及面临的风险和机遇的基础上设计切实可行的资产证券化方案，从而改善资本结构，提高运营效率，降低财务风险。

5.4.4　小结

本部分对 SDGOLD 集团资本运营管控进行了研究。资本运营管控是指在企业集团对资本运营活动的各项规则体系，核心是资本运用活动中各项职责、权能在集团总部与所属单位之间的分配。由于资本运营主要是对资本的优化配置和有效使用，关系到集团的发展战略，因此资本运营的决策权和重大事项的执行权均集中在集团总部，实行集权式的管理模式。

对 SDGOLD 集团资本运营管控的效应进行了分析。资本运营管控对扩大经营规模、提高盈利能力起到了显著的推动作用，尤其是黄金资产整体上市提升了企业的综合实力。但 SDGOLD 集团资本运营存在平台不完善、资本市场利用效率不高、直接融资空间受限等问题，要通过以下三种措施提高资本运营管控水平：一是提高动态市值管理水平，提高资本配置与运行效率；二是加快推进企业整体上市进程，提高资产证券化速度和水平；三是合理选择融资渠道，持续优化资本结构。

5.5　SDGOLD 集团金融投资管控

5.5.1　SDGOLD 集团的金融投资管控历程

SDGOLD 集团金融投资管控的演变是同 SDGOLD 集团的发展

历程、发展战略相适应的。在 2006 年以前，SDGOLD 集团的金融资源管理相对松散，资金、投资权分散在各经营企业，金融投资管理职能主要由集团财务部行使。2006 年，SDGOLD 集团加强管控，推行资金集中管理，不断提高资金集中度。2008 年成立资本运营部，主要负责集团的资本市场融资、债券和票据融资，同时履行金融投资管理职能。2012 年前虽然也曾参股投资山东国际信托有限公司、东海证券有限公司、泰山财产保险公司，但投资比例小，不具有控制权。2012 年，集团产融结合加速，一是财务公司获批筹建。SDGOLD 集团财务有限公司于 11 月 5 日获批筹建，SDGOLD 集团财务有限公司是以为 SDGOLD 集团成员单位提供金融服务为主的非银行金融机构，注册资本为 10 亿元，其中 SDGOLD 集团有限公司拟以现金出资 7 亿元，SDGOLD 矿业股份有限公司拟以现金出资 3 亿元。SDGOLD 集团财务有限公司的获批，标志着 SDGOLD 集团进军金融产业迈出了实质性的步伐。二是建立金融运作平台。为提升集团资本运作水平，整合集团现有金融资源，提高对金融工具的利用效率，经集团党委会研究成立 SDGOLD 金控资本管理有限公司作为公司的金融运作平台。以相对较低的价款收购了上海盛钜资产经营管理有限公司 100% 股权，为在上海顺利开展金融业务提供了保障。SDGOLD 金控公司的成立是集团产融结合的重要举措，为集团初步搭建起了金融运作的平台。三是推进产业基金的设立。通过联合金融机构发起设立专门用于矿产勘探、开发及资源整合的投资基金，实现 SDGOLD 集团产业资源与金融资源的有机融合。集团金融投资管控职责转由 SDGOLD 金控资本管理有限公司行使，金融投资管控有了统一的平台和主体。

SDGOLD 集团将以"一个板块、两个主体、三个区域、多项业务"的规划布局发展金融业务。一个板块：以金融板块为集团统一的金融资本运作平台，积极探索发展各种适应集团发展的多层次、多元化的金融服务方式和工具，以专业化运作管理，不断对现有金融业务进行定位与深化，通过持续金融模式创新实现集团在金融市场领域内的快速发展。两个主体：通过金控资本实现对外资本投融资业务和财务公司内部资本市场及银行间市场业务的有效开展，打通资本流通渠道。三个区域：基本形成山东、上海、香港三个主要金融区域布局。山东区域主要是财务公司的业务范围，承担协调全集团各成员企业资金需求和内部资金调配的职责，实现集团资金集中高效管控；上海区域以金控资本业务平台为主，是集团开展金融业务的主要区域，时刻把握金融业务发展方向和政策走势，积极开展各项金融领域内的前沿业务；香港区域作为国际金融业务中心，将充分利用境外金融资源，加快推进集团国际业务开展，提高集团国际知名度和品牌美誉度。多项业务：金控资本不断通过参股或控股，以及设立分公司的方式，有步骤、按层次地进入期货、保险、证券、信托以及银行等相关金融业务领域。财务公司的主要任务是提高集团资金集中管理力度，营造内部资金市场，提高集团资金使用率，积极开拓银行融资渠道，全面开展保险、贸易链融资、财务顾问、电票、股权投资等综合性银行业务，为成员企业提供更优惠、更专业和更贴心的服务，为集团战略扩张提供较低成本资金。

金融板块的发展必须与 SDGOLD 集团的产业紧密结合，SDGOLD 集团金控资本的发展战略具体如下：一要实现 1 个战略目标，即把金控资本打造成为独具黄金特色的实业与金融一体化的金融控股集团公司，为集团公司争做国内最具竞争力的黄金企业提供厚实的金融支撑。二要跨越两个发展阶段，在平台搭建阶段，要充分依托集团强大的产业优势，立足于产业运营的可行性研究，做好建章立制，为公司健康持续发展夯实根基；在平台发展阶段，要建立健全具有市场竞争力的考核机制、管控体系、运营体系和文化体系，迅速提升公司在金融市场的核心竞争能力。三要恪守"三不做"经营准则，即"离黄金实体经济太远的不做，杠杆太长的不做，长期无现金分红的不做"，控制好金融运作风险。四要搭建4个运营平台——矿业并购、金融融资、贵金属交易和股权投资管理平台。要积极利用上海优惠政策，引进社会资本，尽快成立矿业基金，充分发挥集团产业和人才优势，提升发展水平；要与各大金融机构密切合作，创新融资手段，提高融资能力，放大金控资本单体融资额度，做好资金错配风险管控；要充分利用国内国际、现货期货等市场，提高交易量、交易质量和获利能力，强化市场及品种研究分析，超前研判价格走势，准确把握投资机会，由黄金交易向大宗有色商品交易拓展；要管好存量、做好增量，创新运营模式，逐步构建起集证券、期货、信托、保险、财务公司、融资租赁、矿业基金、黄金经纪与交易等业态于一体的金融控股集团。

5.5.2 SDGOLD 集团金融投资管控的现实挑战

一是缺乏兼具矿业背景和金融知识的专业人才。金融业作为一个高风险的行业，金融投资作为一种高风险的活动，需要专业人才支撑。SDGOLD 集团刚刚涉足金融领域，起步较晚，人才储备不足，尤其是缺乏既熟悉黄金产业、黄金市场又熟悉金融市场的复合型人才。研究美国 GE 公司金融发展进程，可以发现充足的人才储备是其成功的基础。1977—1985 年 GE 金融进入规模扩张期，而在这之前吸引了大批最优秀的专业人才。SDGOLD 集团目前的金融人才可以从内部财务部门的高级管理人员中选拔，也可以从外部金融机构引进，但这两种人才在短时间内难以做到既熟悉矿业产业又精通金融业。

二是产业与金融的互动、推演存在风险因素。产业和金融的无缝对接、相互支持是 GE 金融业务成功的最根本原因。GE 的金融业务虽然非常广泛，但就其本质而言都未超越实体产业。GE 在金融业利用制造业的 AAA 级信用等级，低成本从市场融资，为产业发展提供资金支持。但在实践中如何才能实现两种资源的有效整合，发挥协同效应，需要探索。虽然黄金具有金融属性，但矿业和金融业毕竟属于跨度很大的两个行业，SDGOLD 集团在产业上的管理经验和文化能否成功移植到金融业，存在极大不确定性。

三是对金融行业的风险缺乏足够的认识和强有力的控制。金融创新使金融风险越来越难以识别和应对。德隆系崩溃的一个重要原因就是对金融风险认识不足。第二个风险就是内部关联交易，产业与金融业、金融业之间错综发展的内部关联交易，若处理不当，其风险最终将转嫁给金融板块。第三个风险是实体企业与金融机构的经营理念迥异，金融业经营更加强调审慎与安全，在实践中，一些实体企业将实体经济的经营风格复制到金融业，快速扩张超出了其风险承受能力，最终导致风险爆发、企业破产。

5.5.3　SDGOLD 集团金融投资管控的发展方向

SDGOLD 集团金融投资管控的目标就是将集团的产业与金融资本相融合，打造具有黄金特色的金融运作平台。

1. 建设集团统一的黄金交易平台

黄金价格波动不同于一般商品，价格运行同时受其商品属性和金融属性的影响。在黄金商品属性的价格运行机制下，黄金实物需求和供给之间的供求关系会影响黄金价格。在黄金金融属性的价格运行机制下，货币供应量、利率、全球重要货币的汇率、游资在金融投资市场上的分布结构、政治局势动荡、期货等衍生金融工具会造成黄金价格波动。

黄金价格的波动会引起黄金产业集团盈利的大幅波动。2011年黄金价格最低价最高价相差达到 500 美元；2012 年黄金价格高低差价达到 200 美元以上。假设在 2012 年最低点销售 1 公斤黄金，相比最高点每公斤黄金销售收入差价就达到 40000 元。假设 SDGOLD 集团平均年矿产金 10 吨，最高价与最低价销售收入差异将达到近 4 亿元。如果没有适当的交易体系和交易策略，SD-GOLD 集团无法有效应对价格风险。在剧烈波动的黄金市场，SDGOLD 集团必须有一个统一的交易平台，制定相应的售金策略，分析黄金行情，选择适当时机销售，减轻黄金价格波动对企业收益的影响。

（1）在 SDGOLD 金控资本管理有限公司成立市场研究、交易团队，结合企业生产情况和黄金市场行情制订交易计划和交易策略

建立黄金市场研发团队，提高市场的研判能力，更好地指导

黄金销售和交易工作，提高黄金销售和交易的获利能力。研发团队广泛、及时收集国内、国际的黄金市场信息，综合分析影响黄金市场价格走势的各类因素，全面判断国际、国内市场趋势，为黄金销售提供决策依据。

建立统一的销售决策机构，根据集团自身生产经营情况，分析成品金从矿山开采至精炼的周期，结合市场走势预测，合理制定每年度各期黄金生产销售数量。

实行集中交易，培养一支高水平的交易团队，把握交易时机，确保高于市场平均水平的黄金销售价格。

（2）综合运用多种金融工具和交易方式，实现销售价格的最优化

目前黄金销售主要有以下工具和手段：上海黄金交易所现货合约和 AU（T + D）延期交收合约、上海期货交易所黄金期货合约以及银行提供的黄金远期交易合约。

黄金生产企业通过上海黄金交易所卖出 AU（T + D）合约和通过上海期货交易所卖出黄金期货合约，支付部分保证金即可实现锁定销售价格的目的。对黄金生产企业外购金原料和合质金来说，由于从购买到精炼成标准金需要一定的生产时间，企业可以在购买金原料的同时根据含金量换算成标准金以 AU（T + D）合约提前卖出，防范黄金价格下跌风险。由于期货市场波动远大于现货市场，并且伴随交割月的临近，持仓保证金比例逐步提高，对黄金生产企业来说同样需要建立期货持仓监管机制，防止出现爆仓强行平仓的情况。而采用黄金远期交易套期保值，可以占用银行授信，不需要缴纳保证金，但银行远期交易一般采用美元报价，需要承担汇率波动风险。

2. 建设集团统一的风险管理平台

黄金生产企业面临的主要风险之一是黄金价格风险。黄金价格风险是企业其他风险的重要根源。黄金价格波动对企业生产经营等短期决策、投资改造与资源并购等长期决策都会造成重大影响。在建立统一的交易平台的基础上，要实现风险管理的统一管理。

（1）运用期货、远期、期权等套期保值工具对冲风险

黄金生产企业应当结合年度黄金产量建立适度的套期保值头寸，对冲价格波动风险。在市场经济中，企业面临价格波动风险，一方面是原材料采购价格，另一方面是产品销售价格。对价格风险的有效应对，一个重要的途径就是运用金融工具提前锁定原材料采购价格或产品销售价格，也就是运用套期保值的办法。

对黄金生产企业来说，应根据每年度黄金生产计划和预测的黄金产品价格趋势，制订年度黄金套期保值业务方案。如果计划在未来某月销售黄金，但预计届时黄金价格将会下跌，应首先在当月通过上海黄金交易所卖出 AU（T＋D）合约、从上海期货交易所卖出 6 月/12 月主力合约或者卖出 6 个月/12 个月的黄金远期合约。然后在实际销售月份，将上述合约平仓，同时出售同等数量的现货，在两个市场建立对冲机制，从而稳定企业的销售利润，规避黄金现货市场价格波动的风险。

（2）通过黄金租赁、互换等消除风险

黄金的价格风险源于黄金定价的时间差，包括前置时间差和后置时间差两种类型。黄金前置时间差是指由于黄金定价时间的提前而形成的时间差。比如对外购合质金业务来讲，原料采购与标准金冶炼完成并进行销售存在的时间差就属于前置时间差。黄

金后置时间差是指因黄金定价时间的延后而形成的时间差。如矿山企业，其生产成本相对固定，事前基本可确定，而其生产的黄金的销售价格需要等到黄金生产出来后才能确定，这就是后置时间差。黄金定价的时间差导致了价格风险的产生，因此管理黄金价格风险的一个重要方法就是消除上述时间差。

消除黄金时间差的一个简单有效的方法就是黄金租赁。黄金生产企业从银行租入黄金并按当前市场价格卖出，黄金生产出来后偿还借入的黄金。黄金生产企业也可以通过黄金远期交易来锁定未来黄金销售的价格。

3. 建设集团统一的黄金投资平台

在黄金价格波动中，存在投资的机会。黄金存在多个市场和多个交易品种，如现货市场中的现货和 AU（T + D），期货市场中的黄金期货合约，基金市场中的黄金 ETF，期权市场中的黄金期权。由于信息传递等因素的影响，各个市场之间，不同投资品种之间，以及国内市场与国际市场之间，都存在价格差异，存在套利机会。

4. 建设矿业投资基金管理平台

资源是矿业企业生存的基础和根本，而持续不断地获取资源是矿业企业持续发展的前提。资源的获取途径有两种：一是通过地质勘探获取新的资源；二是通过并购获取他人已经探明的资源。第一种方式风险大、投入高，依赖企业自有资金难以实现；第二种方式一般并购价格较高，资金需求量大。因此，矿业企业必须借助外部资本市场来实现占有资源的目的。矿业投资基金已经成为矿业企业融资的一种重要方式，利用矿业投资基金吸收市场资金，并利用专业优势管理矿业投资基金，探取资源或并购资源，在适当的时机受让资源，市场资金实现退出目的。根据 2012 年的统计数据，2008 年以来，国内成立的矿业投资基金共 30 只，其中 19 只基金披露了运作资金，总规模达 363.64 亿元。各矿业企业也纷纷与金融机构合作设立矿业基金，为自身资源储备提供条件，紫金矿业与 Sprott Inc. 及美洲现代资源投资管理集团共同发起设立了 5 亿美元的合资离岸矿业基金。SDGOLD 集团也必须通过设立矿业基金的方式来进行融资，进而获取矿产资源。

5. 打造金融股权投资管理平台

SDGOLD 财务公司已经设立，侧重于集团资金集中管理和内部余缺调剂。随着集团贵金属交易、有色金融交易的发展，期货业务交易量逐步增加，期货在企业套期保值、套利中的作用日益重要，拥有一家期货经纪公司有利于发挥协同效应。集团公司正在积极探索、推动设立黄金经纪公司，专门从事黄金经纪代理业务。黄金经纪公司与期货公司可以共享营销渠道、客户信息等资源，从而相互补充、相互推进，产生协同效应。利用融资租赁公司独立核算体系和融资、项目实施平台，进行资源调配、风险隔离，充分挖潜企业内部成本空间，增加经营绩效，从而使集团由重资产的经营模式向轻资产的经营模式转变。然后从财务公司、期货业、融资租赁业逐渐渗透到证券、保险、基金等金融行业，向金融行业渗透是 SDGOLD 集团基于期货市场发展和完善自身商业模式、提升价值创造能力作出的必然选择。

5.5.4 小结

本部分分析研究了 SDGOLD 集团金融投资管控。金融投资管控就是指企业尤其是集团企业对金融工具投资活动、对金融企业的股权投资的相关规则体系、运作机制，以确保金融投资活动的高效、安全。黄金产业集团经营的产品就是黄金，这决定了其必然参与到黄金交易特别是黄金金融衍生品交易中去。对黄金及其金融衍生品的投资管控成为黄金产业集团金融投资管控的重要内容。SDGOLD 集团金融投资管控有五大动因：一是做大做强主业；二是推进资源整合；三是基于金融行业吸引力和实施差异化战略的考虑；四是基于获得信息共享优势的考虑；五是降低交易成本。但也存在人才匮乏、风险管理能力不强等诸多现实困难和挑战。SDGOLD 集团金融投资管控的目标就是将集团的产业与金融资本相融合，打造具有黄金特色的金融运作平台，其措施就是建设统一的黄金交易平台、风险管理平台、黄金投资平台，打造矿业投资基金和金融股权投资管理平台。

第6章 SDGOLD 集团金融管控
效应实证研究

在对 SDGOLD 集团金融管控进行分析的基础上，本章结合
SDGOLD 集团案例，从价值创造和财务风险控制两个方面对金融
管控的效用进行实证研究，以检验集团公司金融管控的实
施效果。

6.1 SDGOLD 集团金融管控在提升价值创造能力方面的实证研究

6.1.1 矿业公司价值创造能力评价体系的构建

根据企业价值的数学表达式 $V = \dfrac{NOPLAT_{t=1}(1 - \dfrac{g}{ROIC})}{WACC - g}$ 可

知，矿业公司的价值在表面上取决于其盈利能力、投资回报率、
成长性、加权平均资本成本四大要素，但从经营的角度来看，这
四大要素又依赖于公司的资源储备、融资能力、盈利能力、成长
能力。可见，矿业公司价值创造力的形成需要各个因素的协同，
并非某项或者几项要素的单纯相加，而是资源储备、资产规模、

122

融资能力、盈利能力、现金流量能力等能力综合的结果。企业价值创造能力的关键驱动因素有两类：财务因素以及非财务因素，价值创造能力的评估指标也相应地分为财务指标和非财务指标两类，其中财务指标是结果指标，主要反映短期经营业绩，不能反映长期价值增长；非财务指标是过程和内因指标，代表企业长期、持续发展的潜力。因此，价值创造能力的评估必须综合考虑财务因素和非财务因素，采用具体指标识别或者评估矿业公司的价值创造力必须从整体性出发，在考虑指标的客观性和可操作性的基础上兼顾资源和能力指标。

矿业公司价值创造的非财务因素除了管理能力、创新能力和企业文化等通用因素外，还包括资源储量和禀赋、安全管控能力和环保治理能力，矿业公司拥有的资源的储量和禀赋在根本上决定企业的竞争能力，决定了企业的规模和盈利能力，但是资源的禀赋相关数据难以取得，本书以资源储量来衡量。重大安全和环保事件会影响矿业公司的声誉，严重者会带来政府的停产、限产、关闭等处罚，安全管控能力和环保治理能力对价值创造能力的影响不可忽视，可用各企业在安全和环保上的投入来评价，但由于相关数据不公开，本书未将其纳入价值创造力评价体系。

本书将矿业公司价值创造能力的评价指标分为四类，第一类是资源储备，是非财务指标，主要反映企业拥有的矿产资源规模，决定了企业持续发展能力和发展潜力；第二类至第四类是财务指标，其中第二类是融资能力指标，反映企业资金运作能力；第三类是盈利能力指标，反映企业当前的价值创造能力；第四类是成长能力指标，反映企业的发展趋势和发展前景，是企业未来竞争能力和价值创造能力的体现。

（1）资源储备的指标选取

SDGOLD 集团虽然开始涉足有色金属领域，但黄金产业在资产规模、利润贡献方面占据绝对优势，因此在资源储备方面选取黄金资源储量指标。

（2）融资能力的指标选取

矿业公司的资源并购、规模扩张需要资金做支撑，融资能力在一定程度上决定了其发展的潜力。在融资能力方面，我们选取流动比率、利息保障倍数两项指标。流动比率指流动资产和流动负债之比，用来衡量企业流动资产和流动负债的配比适合度，反映企业短期变现偿债能力。利息保障倍数又称已获利息倍数，等于税前利润除以利息费用，用来衡量企业支付资金成本的能力。

（3）盈利能力的指标选取

盈利水平是价值创造力的最终体现。本书具体选取总资产报酬率、净资产收益率两大指标来考察矿业公司的盈利能力。总资产报酬率是指息税前利润除以平均资产总额，用以评价企业资产的获利能力，取决于资产周转能力和产品或服务的盈利能力。净资产收益率等于净利润除以平均净资产，可以分解为销售净利率（NPM）、总资产周转率（AU）、权益乘数（EM）三个指标，是综合性非常强的一个指标，衡量股东资金的价值创造能力。

（4）成长能力的指标选取

成长能力反映了集团价值创造的潜力，矿业公司的成长能力不仅体现在财务方面，还体现在管理能力、发展潜力等方面，但由于后两者的判断主观性较强，因此，本书主要从财务指标方面判断公司的成长性。具体选取总资产增长率、利润增长率、营业收入增长率三个指标。总资产增长率反映企业占用资本规模的扩张速度，营业收入增长率反映企业业务规模的扩张速度，利润增长率则反映短期价值创造能力的增长趋势及快慢。

　　上述评价体系涵盖了决定或反映矿业公司价值创造能力的主要财务指标和非财务指标，以避免单一指标或单纯财务指标可能造成的评价结果失真的缺陷。该评价体系也存在不足之处，比如企业的管理能力、创新能力和企业文化等软性指标以及对矿业公司具有重要影响的安全管控能力和环保治理能力指标未能予以考虑。总体上看，该评价体系基本涵盖了公司价值创造能力的基本要素，能够客观反映矿业公司价值创造能力水平。

表 6 - 1　　　　　　　　公司价值创造力提升评价体系

评价指标	指标名称	具体计算
资源规模	黄金资源储量	—
融资能力	流动比率	流动资产/流动负债
	利息保障倍数	（利润总额 + 利息支出）/利息支出
盈利能力	总资产报酬率	（利润总额 + 利息支出）/平均资产总额
	净资产收益率	归属于母公司所有者净利润/平均归属于母公司所有者权益
成长能力	总资产增长率	（年末资产总额 - 年初资产总额）/年初资产总额
	利润增长率	（本年利润总额 - 上年利润总额）/上年利润总额
	营业收入增长率	（本年营业收入 - 上年营业收入）/上年营业收入

6.1.2　基于因子分析法的黄金矿业集团综合价值创造能力比较

1.因子分析

　　因子分析（Factor Analysis）是一种多元统计分析方法，它将影响结果的诸多变量加以简化，提取归结为几个重要的不相关的因子，然后据以分析结果。其基本思想是：在相关性基础上，利用协方差矩阵或相关矩阵，把联系比较紧密的变量归为同一个类别，高度影响同一类别内的不同变量的共同因素为公因子；不同类别的变量之间的相关性非常低。因子分析通过降维可以达到两个效果：一是减少变量数量；二是把变量根据相关性进行分类。

因子分析实质是围绕因子变量的构造和命名解释来开展研究工作的。因子分析一般采取以下五个步骤：

（1）评判因子分析是否适用于原变量。

（2）构建因子变量。

（3）旋转因子变量。

（4）计算因子变量得分。

（5）专业角度解释因子分析结果。

2. 价值创造能力评价因子分析模型

第一，由原始样本数据可得矩阵为

$$X = \begin{bmatrix} X_{1,1} & X_{1,2} & \cdots & X_{1,8} \\ X_{2,1} & X_{2,2} & \cdots & X_{2,8} \\ \cdots & \cdots & \cdots & \cdots \\ X_{N,1} & X_{N,2} & \cdots & X_{N,8} \end{bmatrix}$$

其中，X_{ij} 代表第 i 家公司第 j 项财务指标数值。

第二，指标的标准化处理。

之所以要进行标准化处理，是因为所构建的评价指标体系涉及多个指标，而这些指标的量纲不统一，存在较大数量间的差异。标准化就是采用一定技术将各种指标的度量进行统一，提高各指标间的可比性。标准化处理公式为

$$Y_{ij} = \frac{(X_{ij} - EX_j)}{\sqrt{DX_j}}, \quad 且有 \ EX_j = \frac{1}{n} \sum_{i=1}^{n} X_{ij}$$

$$DX_j = \frac{1}{n-1} \sum_{i=1}^{n} (X_{ij} - EX_j)^2 (i = 1,2,3,\cdots,n; j = 1,2,3,\cdots,8)$$

其中，X_{ij} 为经过标准化处理前的指标数值，Y_{ij} 为经过标准化处理以后的指标数值。

第三，求解特征方程与主因子。

利用上述相关系数矩阵，计算特征方程 $|R - \lambda I| = 0$ 的若干个非负的特征值 $\lambda_1 \geq \lambda_2 \geq \cdots \geq \lambda_8 \geq 0$，对应于特征值 λ_i 的相应的特征变量为

$$B_i = (B_{1,i}, B_{2,i}, \cdots B_{8,i})^T (i = 1,2,3\cdots) \ 且 \ B_i^T B_i = 1$$

特征向量矩阵为 B，即

$$B = \begin{bmatrix} b_{1,1} & b_{1,2} & \cdots & b_{1,8} \\ b_{2,1} & b_{2,2} & \cdots & b_{2,8} \\ \cdots & \cdots & \cdots & \cdots \\ b_{8,1} & b_{8,2} & \cdots & b_{8,8} \end{bmatrix}$$

由统计知识易得

$$R = B \begin{bmatrix} \lambda_1 & b_{1,2} & \cdots & b_{1,8} \\ b_{2,1} & \lambda_2 & \cdots & b_{2,8} \\ \cdots & \cdots & \cdots & \cdots \\ b_{8,1} & b_{8,2} & \cdots & \lambda_8 \end{bmatrix} B^T$$

易知 B 为正交矩阵，即 $B^T B = BB^T I$。

所以

$$\frac{1}{n-1}Y^TY = B\begin{bmatrix} \lambda_1 & & \cdots & \\ & \lambda_2 & \cdots & \\ \cdots & \cdots & \cdots & \cdots \\ & & \cdots & \lambda_8 \end{bmatrix}B^T$$

$$\Rightarrow B^TX^TXB = (n-1)\begin{bmatrix} \lambda_1 & & \cdots & \\ & \lambda_2 & \cdots & \\ \cdots & \cdots & \cdots & \cdots \\ & & \cdots & \lambda_8 \end{bmatrix}$$

令 $Z^TZ = BX$，则有

$$Z^TZ = (n-1)\begin{bmatrix} \lambda_1 & & \cdots & \\ & \lambda_2 & \cdots & \\ \cdots & \cdots & \cdots & \cdots \\ & & \cdots & \lambda_8 \end{bmatrix}$$

至此，得到 8 个主因子：

$Z_1 = YB_1$

$Z_2 = YB_2$

……

$Z_8 = YB_8$

因为标准化处理以后的 Y_j $(1\leqslant j\leqslant 8)$ 均值为零，所以主因子 Z_i $(1\leqslant j\leqslant 8)$ 的均值也为零。由特征值可以求得各个主因子的贡献率：

$$H_i = \frac{t_i}{\sum_{m=1}^{8} t_m} \qquad TH_k = \frac{\sum_{m=1}^{k} t_m}{\sum_{m=1}^{8} t_m}(i,k = 1,2,\cdots,8)$$

其中，H_i 指的是主因子 Z_i 的贡献率，TH_k 是指主因子 Z_i 至 Z_k 的累积贡献率。

第四，构造主因子并建立评价函数。

在构造矿业公司综合竞争力评价函数之前，先要设定主因子包含总体信息的程度，即累积贡献率。因子的选择标准是一般是其值大于 1，如果能提供比较多的信息则更好。这样变量数由 8 个减为 S 个（一般较少），产生了降维的效果。

本书主要利用因子分析的方法评价企业的价值创造能力。遵循因子分析的要求，首先构建评价矩阵：将 8 个指标变量和 5 家企业数据建立 8 行 5 列的评价矩阵，分析该矩阵中变量的相关性，从而验证因子分析的显著性。由于选取的各指标变量单位不一致，并且个别变量方差较大，为避免因子载荷受到严重影响，运用标准化方法对原始数据进行无量纲化处理，将数值标准化到 Z 分数，变换后，数值的均值为零，标准差为 1。然后运用因子分析，根据指标在每个因子上的载荷计算因子得分，由因子对总体的贡献程度计算综合得分；再根据因子分析的综合得分，求得各企业价值创造力综合评估的结果。

3. 指标体系与数据说明

（1）价值创造能力指标体系

本书从企业价值创造能力的驱动因素出发，设计了影响企业价值创造能力的指标体系，使指标体系科学合理。企业价值创造能力的影响因素主要可以分为三类：规模因素、效益因素和发展因素。规模因素包括黄金资源储量、流动比率，效益因素包括总资产报酬率、净资产收益率、利息保障倍数，发展因素包括总资产增长率、利润增长率、营业收入增长率。

（2）样本企业和指标数据

由于本书主要研究金融管控在提高公司价值创造力方面的效应，因此以公司 2009 年明确提出并逐步实施金融管控作为研究的起点，对 2008 年和 2012 年 SDGOLD 集团的价值创造能力进行比较研究。

为保持数据的可比性，选择 SDGOLD 集团和其他四家黄金生产企业作为样本，根据上述三大类评价指标对其企业价值创造能力进行评价。实证分析的主要方法是因子分析法。选择以上市公司作为比较对象来研究，是因为证券市场存在完善的信息披露机制，因此上市公司的财务数据等信息容易收集，也相对可靠。五家企业 2012 年矿产金产量占全国的 35.28%，因此样本企业能够代表黄金矿业的整体状况。

为了有效说明 SDGOLD 集团自 2008 年以来实施集团管控的效果，我们选择四家企业 2008 年和 2012 年两个年份的数据与 SDGOLD 集团进行比较，从而考察 SDGOLD 集团在五家企业中的价值创造能力的地位与变化。财务数据来源于 SDGOLD 集团以及其他四家企业 2008 年和 2012 年的年度报告；黄金资源储量数据来源于中国黄金工业协会 2013 年黄金产业与市场发展峰会的公开资料。

表 6-2　　　　　　2008 年 5 家企业各项指标数据

指标名称	SDGOLD 集团	中金黄金	紫金矿业	招金矿业	灵宝黄金
黄金资源储量（吨）	411.8	1145.42	701.5	227.17	125.49
流动比率	0.88	1.16	1.42	1.37	1.04
利息保障倍数	3.11	10.86	17.11	31.81	1.93
总资产报酬率	7.58%	14.04%	22.38%	10.15%	5.93%

续表

指标名称	SDGOLD 集团	中金黄金	紫金矿业	招金矿业	灵宝黄金
净资产收益率	1.44%	12.15%	28.56%	13.80%	6.41%
总资产增长率	19.93%	38.46%	56.06%	18.29%	6.41%
利润增长率	8.01%	−2.14%	2.36%	26.45%	−52.20%
营业收入增长率	69.72%	15.80%	11.32%	42.35%	25.12%

表 6 – 3　　　　　　　2012 年 5 家企业各项指标数据

	SDGOLD 集团	中金黄金	紫金矿业	招金矿业	灵宝黄金
黄金资源储量（吨）	1300	1758	1192.22	631.42	186.65
流动比率	0.81	1.21	1.06	0.88	1.1
利息保障倍数	3.79	11.02	47.36	10.35	1.68
总资产报酬率	9.30%	15.53%	14.61%	14.50%	5.61%
净资产收益率	14.69%	16.58%	20.44%	25.67%	7.07%
总资产增长率	67.81%	11.24%	28.74%	35.19%	20.70%
利润增长率	3.90%	−13.67%	−7.76%	16.53%	−46.60%
营业收入增长率	31.61%	−8.57%	21.76%	32.43%	11.75%

4. 实证结果

（1）总的方差解释

利用 SPSS 14.0 软件，将上述数据用四次方最大法（Quart-max）经 25 次旋转后，使因子载荷矩阵上每一列元素能够尽量极化，以便有利于解释公因子的实际意义。原始变量的方差贡献决定了因子抽取个数，公因子的重要程度与方差贡献成正比，公因子越重要、方差贡献越大，其对所研究区域特征的代表程度越高。根据上述原则，当重要性居于前列的因子特征值大于 1，累计方差贡献率达到或超过一定比例时，这几个因子就可以代表原来的多个变量来反映所研究区域的总体特点。结果显示，2008 年可以选取 3 个因子作为主因子进行分析。其总方差解释及旋转后的因子载荷矩阵分别如表 6 - 4 和表 6 - 6 所示。2012 年可以选取 2 个因子作为主因子进行分析。其总方差解释及旋转后的因子载荷矩阵分别如表 6 - 5 和表 6 - 7 所示。

表 6 - 4　　　　　　总的方差解释（2008 年）

成分	初始特征值			提取平方和载入			旋转平方和载入		
	合计	方差的 %	累积 %	合计	方差的 %	累积 %	合计	方差的 %	累积 %
1	4.684	58.545	58.545	4.684	58.545	58.545	3.236	40.444	40.444
2	1.780	22.248	80.793	1.780	22.248	80.793	2.507	31.336	71.780
3	1.161	14.509	95.301	1.161	14.509	95.301	1.882	23.521	95.301

表 6 - 5　　　　　　总的方差解释（2012 年）

成分	初始特征值			提取平方和载入			旋转平方和载入		
	合计	方差的 %	累积 %	合计	方差的 %	累积 %	合计	方差的 %	累积 %
1	3.533	44.169	44.169	3.533	44.169	44.169	3.376	42.202	42.202
2	2.862	35.775	79.944	2.862	35.775	79.944	3.019	37.742	79.944

（2）公因子解释

2008 年：通过对旋转后因子载荷矩阵的分析，对三个主成分做如下解释：公因子 1 在流动比率、净资产收益率两个指标上载荷较大，从指标所代表的意义来看，主要反映了企业的效益指标，可以视为企业价值创造能力的效益因子，其贡献率达 40.44%。公因子 2 在黄金资源储量、总资产增长率、总资产报酬率等指标上载荷较大，从指标所代表的意义来看，主要反映了企业的规模，可以视为企业价值创造能力的规模因子，其贡献率为 31.34%。公因子 3 在利润增长率、营业收入增长率、利息保障倍数等指标上载荷较大，从指标所代表的意义来看，主要反映了企业的发展情况，可以视为企业价值创造能力的发展因子，其贡献率为 23.52%。

2012 年：通过对旋转后因子载荷矩阵的分析，对两个主成分做如下解释：公因子 1 在总资产增长率、利润增长率、营业收入增长率三个指标上载荷较大，从指标所代表的意义来看，主要反映了企业的发展指标，可以视为企业价值创造能力的发展因子，其贡献率达 42.2%。公因子 2 在总资产报酬率、净资产收益率等指标上载荷较大，从指标代表的意义来看，主要反映了企业的效益，可以视为企业价值创造能力的效益因子，其贡献率为 37.74%。

表 6-6　　　　　　旋转后的因子载荷矩阵（2008 年）

	指标	1	2	3
X_1	黄金资源储量	0.038	0.934	-0.005
X_2	流动比率	0.930	0.121	0.341
X_3	利息保障倍数	0.623	-0.142	0.735
X_4	总资产报酬率	0.649	0.712	0.144
X_5	净资产收益率	0.877	0.417	0.129
X_6	总资产增长率	0.464	0.851	0.158
X_7	利润增长率	0.035	0.241	0.969
X_8	营业收入增长率	-0.758	-0.369	0.472

表 6-7　　　　　　旋转后的因子载荷矩阵（2012 年）

	指标	1	2
X_1	黄金资源储量	-0.178	0.669
X_2	流动比率	-0.996	0.072
X_3	利息保障倍数	-0.119	0.633

	指标	1	2
X_4	总资产报酬率	-0.102	0.983
X_5	净资产收益率	0.397	0.847
X_6	总资产增长率	0.893	-0.131
X_7	利润增长率	0.693	0.681
X_8	营业收入增长率	0.945	-0.043

（3）因子得分及排序

2008 年：利用回归法得到 3 个公因子的得分 F_1、F_2、F_3，然后将旋转后的 3 个因子得分以其方差贡献率作为权重进行加权求和，得到综合因子得分，即 $F = （F_1 × 40.44 + F_2 × 31.34 + F_3 × 23.52）/95.30$。根据综合因子得分，对 5 家企业的价值创造能力进行排序，紫金矿业、招金矿业、中金黄金、SDGOLD 集团、灵宝黄金分别排名第一位至第五位。其中，紫金矿业、招金矿业、中金黄金三家企业因子总得分大于 0，处于第一等级；而 SDGOLD 集团和灵宝黄金得分为负，处于第二等级。从各因子的情况来看，SDGOLD 集团在第 1 个因子即效益因子得分为 5 家企业中最低，而在第 2 个因子即规模因子上处于第三位，在第 3 个因子即发展因子上得分第一，处于领先地位。因此，和另外四家黄金企业相比，2008 年 SDGOLD 集团的总体情况是效益指标落后、规模居中、发展速度超前。

表 6-8　　　　企业价值创造能力得分（2008 年）

	F_1	F_2	F_3	F	排名
SDGOLD 集团	-1.523	0.086	0.459	-0.505	4
中金黄金	-0.215	1.112	-0.255	0.212	3

续表

	F_1	F_2	F_3	F	排名
紫金矿业	1. 149	0. 833	- 0. 016	0. 757	1
招金矿业	0. 559	- 0. 991	1. 267	0. 224	2
灵宝黄金	0. 031	- 1. 039	- 1. 456	- 0. 688	5

2012 年：利用回归法得到 2 个公因子的得分 F_1、F_2，然后将旋转后的 2 个因子得分以其方差贡献率作为权重进行加权求和，得到综合因子得分，即 $F = (F_1 \times 42.2 + F_2 \times 35.74)/79.94$。根据综合因子得分，对 5 家企业的价值创造能力进行排序，招金矿业、SDGOLD 集团、紫金矿业、中金黄金、灵宝黄金分别排名第一位至第五位。其中，招金矿业、SDGOLD 集团、紫金矿业三家企业因子总得分大于 0，处于第一等级；而中金黄金、灵宝黄金得分为负，处于第二等级。从各因子的情况来看，SDGOLD 集团在第 1 个因子即发展因子得分为 5 家企业中最高，而在第 2 个因子即效益因子上处于第 4 位。因此，和另外四家黄金企业相比，2012 年 SDGOLD 集团的总体情况是发展指标领先，而效益指标还不十分理想。

表 6 - 9　　　　　企业价值创造能力得分（2012 年）

	F_1	F_2	F	排名
SDGOLD 集团	1. 148	- 0. 399	0. 418	2
中金黄金	- 1. 234	0. 659	- 0. 340	4
紫金矿业	- 0. 160	0. 823	0. 304	3
招金矿业	0. 865	0. 493	0. 690	1
灵宝黄金	- 0. 620	- 1. 576	- 1. 071	5

总之，通过对 2008 年和 2012 年 5 家企业价值创造能力的对

比，SDGOLD 集团在整体企业价值创造能力上有了明显的提升，在 5 家企业中的排位从第四位提高至第二位。具体来看，SDGOLD 集团企业价值能力的提高主要得益于较快的发展速度，而企业效益指标还不够十分理想，仍有进一步提升的空间。

6.2 SDGOLD 集团金融管控在提高经济增加值方面的实证研究

6.2.1 经济增加值的概念

美国学者 Stem Stuart 率先提出了经济增加值（Economic Value Added，EVA）的概念。经济增加值是指调整后的营业净利润减去企业占用的股权资本和债务资本的机会成本后的剩余收益（RI）。简言之，EVA 就是超过资本成本的投资回报。经济增加值的理论基础来源于经济学中的经济收益和机会成本的观点。该指标认为从企业净利润中减去占用资本的机会成本后的收益，才是企业为股东创造的利润。该指标被广泛用于评估经营业绩、企业价值创造能力。

企业"价值"反映在两个方面：一方面是企业占用资本的量，反映企业掌控的资源规模；另一方面是资本配置的效益，反映企业占有的资源的质量。与其他表示方法相比，EVA 最本质的特点就是它反映的是"值"，不同于会计概念上的"利"。EVA 指标把企业价值的两个方面有机结合起来，既反映企业资本的"数量"，也衡量企业资本的"质量"，能够正确引导企业优化配置资源。

6.2.2　经济增加值的计算

经济增加值的计算相对烦琐，一是因为需要调整报表中某些项目的会计处理方法；二是资本成本的确定比较困难，特别是非上市公司，缺乏足够的数据支持。经济增加值的计算方法与会计制度和资本市场有关，因此各国之间有所差异。

经济附加值的计算需要确定如下三项数据：税后净营业利润、资本总额和加权平均资本成本。

1. 税后净营业利润

税后净营业利润等于净营业利润加上利息支出，再减去利息支出对所得税的影响，也就是全部资本的税后收益，反映了公司资产的总体盈利能力。结合企业会计政策和会计估计，确定需要调整的报表项目，以更加真实地反映企业经营业绩。

2. 资本总额

资本总额是指股东和债权人投入的资金的初始价值，包括债务资本和股权资本。其中，债务资本是指债权人提供的有息负债，需要剔除应付账款、应付单据、其他应付款等无息债务。也就是等于公司资产总额减去无息负债后的金额。一般采用资本总额的算术平均值。为避免会计核算对资本总额的影响，需要结合会计政策对某些资产负债项目进行调整。

3. 加权平均资本成本

加权平均资本成本是指根据债务和股东权益占资本总额的比重，对债务资本单位成本和股东权益资本单位成本进行加权平均得出的单位资本成本。

根据国内现行会计准则，一般来讲需要对以下项目的会计处理方法进行调整：

（1）费用化研发支出。国内现行会计准则对研发支出采用有条件的资本化，研究阶段的支出全部计入当期损益，开发阶段的支出符合条件的才能资本化。而 EVA 理论认为，研发支出是企业的一项长期投资，是培育未来竞争力的投资，因此应该全部资本化，并按照适当的方法进行逐年摊销。因此在计算净营业利润时，需要根据当期费用化的研发支出增加净营业利润，同时增加资本总额，一般按照 5 年期限进行摊销，摊销金额调减净营业利润。

（2）市场开拓费用。国内会计准则规定，市场开拓费用应在发生当期列入费用。而 EVA 理论认为，市场开拓费用能够提高企业或产品的知名度，有利于企业提高市场占有率，因此市场开拓费用是一项资本性支出。因此在计算净营业利润时，需要将当期费用化的市场开拓支出增加净营业利润，同时增加资本总额，按照合理期限进行摊销，摊销金额调减净营业利润。

（3）资产减值准备。EVA 理论认为，资产减值准备是未来可能发生的费用，不应当反映在当期。因此在计算净营业利润时，需要根据当期提取或冲回的资产减值准备调整净营业利润，同时增加或减少资本总额，待实际发生时才反映在净营业利润中。

（4）公允价值变动损益。公允价值变动损益是指资产或负债因公允价值变动所形成的收益或损失，属于实际实现前就加以确认的。因此在计算净营业利润时，需要根据当期确认公允价值变动损益调整净营业利润，同时增加或减少资本总额，待实际发生时才反映在净营业利润中。在调整时，同时要考虑所得税影响。

（5）递延所得税资产和递延所得税负债。递延所得税资产或负债是由于可抵扣或应纳税差异而产生的未来可以抵减或缴纳的所得税额。根据 EVA 理论，应当予以调整。在计算资本总额时，因为资产减值准备和公允价值变动损益影响已经剔除，因此在调整时还要考虑扣减这两项对应的递延所得税资产或负债。

（6）战略性投资。战略性投资是能够增强企业核心竞争能力，但短期内不会产生效益的投资。根据 EVA 理论，如果不将其从资本总额中剔除出去，将会贬损企业价值，与战略性投资的作用相悖，不利于对管理层的长期激励。因此在战略性投资发挥作用之前，在计算 EVA 时应当将其从资本总额中扣除。

（7）无息负债。无息负债不会增加占用资本的机会成本，因此应当从资本总额中扣除。在计算资本总额时，债务资本一般仅包括短期借款、应付债券、长期借款等项目。

在实务中，应当根据重要性并按照具体研究对象的特点来确定调整事项，对影响调整项目的计算结果、影响数值显著的事项必须进行调整。

6.2.3　SDGOLD 集团经济增加值指标的构建

山东省国资委 2010 年开始对省管企业实施经济增加考核，本书对 SDGOLD 集团经济增加指标的构建主要借鉴《省管企业负责人实施经济增加值考核意见》。

1. 经济增加值计算公式

经济增加值 = 税后净营业利润 – 资本成本 = 税后净营业利润 – 调整后资本 × 资本成本率

其中，税后净营业利润 = 净利润 +（利息支出 + 研究开发费用调整项 – 非经常性收益调整项）×［1 – 所得税税率（25%）］；

调整后资本 = 平均所有者权益 + 平均负债 – 平均无息流动负债 –
平均在建工程

2. 会计报表数据的调整事项

（1）列入当期"财务费用"中的"利息支出"，在计算税后
净营业利润时加回。

（2）列入当期"管理费用"中的"研究开发费"，在计算税
后净营业利润时加回。

对于矿业企业，将计入当期"管理费用"中的勘探支出按照
50%的比例，在计算税后净营业利润时予以加回。

（3）在计算税后净营业利润时，将当期非经常性收益扣除。

（4）在计算资本总额时，将无息流动负债、符合主业规定的
"在建工程"予以扣除。

3. 资本成本率的确定

确定资本成本率首先需要分别计算权益资本、债务资本的成
本率，然后按照各自权重加权平均。权益资本成本的确定方法主
要有资本资产定价模型、贴现现金流量模型和公司债所得加风险
补偿方法三种方法。其中，资本资产定价模型是国内外通常采用
的方法。资本资产定价模型（Capital Asset Pricing Model，CAPM）
有无风险收益率、市场风险溢价和 β 值三个参数。

$$R_{权益资本} = R_f + \beta \times (R_m - R_f)$$

其中，R_f 表示无风险市场收益率；β 表示风险资产的风险系数；
$R_m - R_f$ 表示市场风险补偿。

由于 SDGOLD 集团尚未整体上市，β 系数不易确定。因此本
书按照山东省《省管企业负责人实施经济增加值考核意见》规定
的 5.5% 资本成本率来计算经济增加值。本书主要研究 SDGOLD

集团 2008 年和 2012 年经济增加值的变化情况，因此资本成本率按照简易办法统一确定为 5.5%，对分析结果不会产生重大影响。

6.2.4　SDGOLD 集团金融管控前后经济增加值指标比较研究

表 6 – 10　　　　　　　　经济增加值计算　　　　　　单位：万元

项　　目		行次	2008 年	2012 年
一、税后净营业利润		1	61554.15	262193.96
净利润		2	38939.58	186559.19
税前调整项目合计		3	30152.76	100846.36
其中	利息支出	4	30152.76	100846.36
	研究开发费用	5		
	非经常性收益	6		
	其他调整事项	7		
二、调整后资本		8	947380.81	2001072.82
平均所有者权益		9	392837.05	1197998.02
平均负债		10	846483.74	1907189.88
平均在建工程		11	86841.47	470338.73
平均无息流动负债		12	205098.50	633776.35
资本成本率		13	5.5%	5.5%
经济增加值		14	9448.20	152134.96

从 2008 年和 2012 年经济增加值可以看出，SDGOLD 集团价值创造能力大幅提升，其中固然有黄金价格上涨因素影响，但是 SDGOLD 集团资源储量、产能的增加，对价值创造能力的提升有着决定性影响。同期黄金价格从 195.06 元/克上升到 327.08 元/克，涨幅 67.68%；而同期黄金产量提高了 89.62%，经济增加值增长了 15.1 倍。金融管控对价值创造能力的提升有着显著的

正向作用。

6.2.5 小结

本部分主要运用统计分析工具和经济增加值指标对金融管控前后价值创造能力的变化进行实证研究。以资源规模、盈利能力、融资能力、成长能力四个方面的 8 项指标来构建价值创造能力评价模型，采用因子分析法对 2008 年和 2012 年 SDGOLD 集团在同行业中价值创造能力的地位的变化来研究金融管控效应，研究结果表明，SDGOLD 集团在实施金融管控后，在同行业中价值创造能力地位提升，特别是资源规模指标和成长能力指标表现突出，金融管控对其资源并购提供了强力金融支撑，但并购资源的效益尚未充分发挥，新并购资源的盈利能力尚未得到充分体现，这与矿山建设周期长有关。同时应用经济增加值指标对 SDGOLD 集团的价值创造能力进行了纵向比较分析，分析结果表明，SD-GOLD 集团的价值创造能力 2012 年较 2008 年大幅提升。金融管控对价值创造能力的提升有着显著的正向作用。

6.3 SDGOLD 集团金融管控财务风险控制效应

本部分运用模糊综合评价法对 SDGOLD 集团财务风险进行评估，对金融管控在财务风险控制方面的效应进行实证研究，其具体过程如下。

6.3.1 评估数据的获取与整理

本书的行业数据均来自 Wind 数据库，根据 SDGOLD 集团

2012 年财务报表确定 SDGOLD 集团财务风险评估一级、二级财务指标如表 6 – 11 至表 6 – 15 所示。

表 6 – 11　SDGOLD 集团偿债能力指标及同行业平均数据

指标名称	利息保障倍数	资产负债率	流动比率	速动比率
SDGOLD 集团	3.7973	0.7306	0.8073	0.5592
同行业平均	8.1676	0.5017	2.4120	0.9488

表 6 – 12　SDGOLD 集团发展能力指标及同行业平均数据

指标名称	总资产增长率	营业收入增长率	资本积累率	净利润增长率
SDGOLD 集团	0.68	0.3161	0.42	0.0481
同行业平均	0.2054	0.3361	0.1502	– 0.0872

表 6 – 13　SDGOLD 集团营运能力指标及同行业平均数据

指标名称	总资产周转率	应收账款周转率	存货周转率	流动资产周转率
SDGOLD 集团	1.3748	340.5541	0.5231	3.4327
同行业平均	1.7896	99.0138	0.7073	2.6712

表 6 – 14　SDGOLD 集团盈利能力指标及同行业平均数据

指标名称	资产报酬率	营业利润率	销售净利率	净资产收益率
SDGOLD 集团	0.0893	0.0500	0.0326	0.1557
同行业平均	0.1160	0.0684	0.0541	0.1606

表 6 – 15　SDGOLD 集团现金流量能力指标及同行业平均数据

指标名称	全部资产回收率	每股现金净流量	营业收入现金率	现金流量比率
SDGOLD 集团	0.0529	1.5500	0.0385	0.0835
同行业平均	0.0543	0.8638	0.0474	0.1959

6.3.2　指标权重值的确定

1. 确定第一层指标的权重

请 10 位专家对偿债能力、发展能力、营运能力、盈利能力和现金流量能力对财务状况影响的重要性进行评分,进而确定第一层指标的权重大小。本书中专家评分结果采取 1 分制。第一层财务指标的评分结果如表 6 – 16 所示。

表 6 – 16　　　　第一层财务指标的评分结果表

	1	2	3	4	5	6	7	8	9	10	总分	权重
偿债能力	0.25	0.2	0.25	0.3	0.3	0.3	0.3	0.25	0.3	0.25	2.7	0.27
发展能力	0.1	0.1	0.15	0.15	0.1	0.15	0.1	0.15	0.1	0.15	1.25	0.125
营运能力	0.2	0.15	0.1	0.1	0.15	0.1	0.15	0.15	0.2	0.15	1.45	0.145
盈利能力	0.2	0.3	0.25	0.25	0.25	0.25	0.2	0.2	0.2	0.25	2.35	0.235
现金流量能力	0.25	0.25	0.25	0.2	0.2	0.2	0.25	0.25	0.2	0.2	2.25	0.225

2. 确定第二层指标的权重

请 10 位专家分别根据偿债能力、发展能力、营运能力、盈利能力和现金流量能力这五个方面的下属指标对其指标的影响能力进行评分,进而确定第二层指标的权重大小。此处专家评分结果采用 1 分制,第二层财务指标的评分结果如表 6 – 17 至表 6 – 21 所示。

表 6 – 17　　　　第二层偿债能力指标权重表

偿债能力指标	1	2	3	4	5	6	7	8	9	10	总分	权重
利息保障倍数	0.2	0.1	0.1	0.15	0.15	0.1	0.2	0.2	0.15	0.15	1.5	0.15

续表

偿债能力指标	1	2	3	4	5	6	7	8	9	10	总分	权重
资产负债率	0.2	0.2	0.3	0.2	0.25	0.3	0.25	0.25	0.25	0.2	2.4	0.24
流动比率	0.3	0.35	0.25	0.35	0.35	0.35	0.25	0.25	0.3	0.3	3.05	0.305
速动比率	0.3	0.35	0.35	0.3	0.25	0.25	0.3	0.3	0.3	0.35	3.05	0.305

表 6 – 18　　　　　　　　第二层发展能力指标权重表

发展能力指标	1	2	3	4	5	6	7	8	9	10	总分	权重
总资产增长率	0.2	0.1	0.2	0.1	0.15	0.2	0.2	0.1	0.15	0.2	1.6	0.16
营业收入增长率	0.3	0.35	0.3	0.35	0.3	0.4	0.2	0.3	0.3	0.3	3.1	0.31
资本积累率	0.2	0.2	0.2	0.2	0.3	0.15	0.25	0.25	0.3	0.25	2.35	0.235
净利润增长率	0.3	0.35	0.3	0.35	0.25	0.25	0.35	0.25	0.25	0.25	2.95	0.295

表 6 – 19　　　　　　　　第二层营运能力指标权重表

营运能力指标	1	2	3	4	5	6	7	8	9	10	总分	权重
总资产周转率	0.2	0.2	0.15	0.1	0.15	0.25	0.15	0.15	0.15	0.15	1.65	0.165
应收账款周转率	0.2	0.2	0.25	0.2	0.25	0.2	0.25	0.25	0.25	0.25	2.3	0.23
存货周转率	0.3	0.25	0.3	0.3	0.25	0.3	0.3	0.3	0.25	0.3	2.7	0.27
流动资产周转率	0.3	0.35	0.3	0.4	0.35	0.3	0.4	0.3	0.35	0.3	3.35	0.335

表 6 –20　　　　　　　　　第二层盈利能力指标权重表

盈利能力指标	1	2	3	4	5	6	7	8	9	10	总分	权重
资产报酬率	0.15	0.15	0.2	0.15	0.1	0.2	0.2	0.2	0.1	0.1	1.55	0.155
营业利润率	0.3	0.3	0.25	0.35	0.3	0.2	0.3	0.25	0.25	0.35	2.85	0.285
销售净利率	0.3	0.25	0.35	0.25	0.3	0.35	0.3	0.35	0.3	0.35	3.1	0.31
净资产收益率	0.25	0.3	0.2	0.25	0.3	0.25	0.2	0.2	0.35	0.2	2.5	0.25

表 6 –21　　　　　　　　　第二层现金流量能力权重表

现金流量能力指标	1	2	3	4	5	6	7	8	9	10	总分	权重
全部资产回收率	0.15	0.15	0.1	0.1	0.2	0.15	0.15	0.15	0.2	0.15	1.5	0.15
每股现金净流量	0.2	0.15	0.25	0.2	0.15	0.15	0.2	0.15	0.3	0.15	1.9	0.19
营业收入现金比率	0.35	0.3	0.3	0.35	0.35	0.3	0.3	0.35	0.25	0.3	3.15	0.315
现金流量比率	0.3	0.4	0.35	0.35	0.3	0.4	0.35	0.35	0.25	0.4	3.45	0.345

从表 6 –17 至表 6 –21 中可以确定，一级指标的权重集 $A =$ (0.27, 0.125, 0.145, 0.235, 0.225)，偿债能力指标上的权重集 $B_1 =$ (0.15, 0.24, 0.305, 0.305)，发展能力指标上的权重集 $B_2 =$ (0.16, 0.31, 0.235, 0.295)，营运能力指标上的权重集 $B_3 =$ (0.165, 0.23, 0.27, 0.335)，盈利能力指标上的权重集

$B_4 = (0.155, 0.285, 0.31, 0.25)$，现金流量能力指标上的权重集 $B_5 = (0.15, 0.19, 0.315, 0.345)$。

6.3.3　一级模糊综合评价

1. 确定隶属度

根据 10 位专家的打分情况，确定财务状况为很安全、安全、一般、危险和很危险五种层次，分别统计五种状况打分的隶属次数来确定每种能力的隶属度。偿债能力指标、发展能力指标、营运能力指标、盈利能力指标和现金流量能力指标隶属度如表 6 – 22 至表 6 – 26 所示。

表 6 – 22　　　　　偿债能力指标隶属度表

偿债能力指标											隶属度				
											很安全	安全	一般	危险	很危险
利息保障倍数	72	75	65	66	46	57	62	54	58	65	0	0	0.2	0.4	0.4
资产负债率	94	91	81	90	70	85	90	85	80	85	0.4	0.5	0.1	0	0
流动比率	75	60	55	80	75	75	65	70	55	75	0	0.1	0.3	0.4	0.2
速动比率	70	84	65	70	85	75	70	65	58	65	0	0.2	0.4	0.3	0.1

表 6 – 23　　　　　发展能力指标隶属度表

发展能力指标											隶属度				
											很安全	安全	一般	危险	很危险
总资产增长率	85	80	70	90	75	90	75	85	70	85	0.2	0.4	0.4	0	0
营业收入增长率	75	75	60	80	70	85	68	80	70	73	0	0.3	0.5	0.2	0

续表

发展能力指标											隶属度				
											很安全	安全	一般	危险	很危险
资本积累率	92	80	85	74	70	95	90	80	75	80	0.3	0.4	0.3	0	0
净利润增长率	75	80	60	75	70	80	75	65	70	60	0	0.2	0.5	0.3	0

表 6 – 24 营运能力指标隶属度表

营运能力指标											隶属度				
											很安全	安全	一般	危险	很危险
总资产周转率	75	80	75	68	65	78	78	80	70	65	0	0.2	0.5	0.3	0
应收账款周转率	90	95	85	80	80	85	87	90	90	70	0.4	0.5	0.1	0	0
存货周转率	70	80	75	70	78	65	65	70	85	70	0	0.2	0.6	0.2	0
流动资产周转率	80	85	70	70	80	70	75	75	85	70	0	0.4	0.6	0	0

表 6 – 25 盈利能力指标隶属度表

盈利能力指标											隶属度				
											很安全	安全	一般	危险	很危险
资产报酬率	78	65	78	74	75	68	75	60	85	65	0	0.1	0.5	0.4	0
营业利润率	80	70	65	70	82	75	65	64	73	60	0	0.2	0.4	0.4	0
销售净利率	70	65	60	75	65	60	75	78	65	80	0	0.1	0.4	0.5	0
净资产收益率	75	65	80	60	79	75	60	80	70	75	0	0.2	0.5	0.3	0

表 6 – 26　　　　　　　　现金流量能力指标隶属度表

现金流量能力指标											隶属度				
											很安全	安全	一般	危险	很危险
全部资产现金回收率	78	65	85	75	70	80	75	65	85	75	0	0.2	0.6	0.2	0
每股现金净流量	80	70	75	75	80	90	75	75	95	80	0.2	0.4	0.4	0	0
营业收入现金比率	85	70	65	68	72	82	75	70	65	75	0	0.2	0.5	0.3	0
现金流量比率	80	70	62	65	70	80	70	65	62	55	0	0.2	0.3	0.4	0.1

2. 一级模糊综合评价集

根据模糊综合评价法模型可知，一级模糊综合评价集为 $\beta_i = B_i \times R_i$。

由前面计算出的偿债能力指标权重 $B_1 = (0.15, 0.24, 0.305, 0.305)$ 和隶属度，可以得到模糊子集。

由此可得偿债能力模糊综合评价：

$$\beta_1 = B_1 \times R_1$$

$$= (0.15, 0.24, 0.305, 0.305) \begin{bmatrix} 0 & 0 & 0.2 & 0.4 & 0.4 \\ 0.4 & 0.5 & 0.1 & 0 & 0 \\ 0 & 0.1 & 0.3 & 0.4 & 0.2 \\ 0 & 0.2 & 0.4 & 0.3 & 0.1 \end{bmatrix}$$

$$= (0.096, 0.2115, 0.2675, 0.2735, 0.1515)$$

由前面计算出的发展能力指标权重 $B_2 = (0.16, 0.31, 0.235, 0.295)$ 和隶属度，可以得到模糊子集。

由此可得发展能力模糊综合评价：

$$\beta_2 = B_2 \times R_2$$

$$= (0.16, 0.31, 0.235, 0.295) \begin{bmatrix} 0.2 & 0.4 & 0.4 & 0 & 0 \\ 0 & 0.3 & 0.5 & 0.2 & 0 \\ 0.3 & 0.4 & 0.3 & 0 & 0 \\ 0 & 0.2 & 0.5 & 0.3 & 0 \end{bmatrix}$$

$$= (0.1025, 0.31, 0.437, 0.1505, 0)$$

由前面计算出的营运能力指标权重 $B_3 = (0.165, 0.23, 0.27, 0.335)$ 和隶属度，可以得到模糊子集。

由此可得模糊综合评价：

$$\beta_3 = B_3 \times R_3$$

$$= (0.165, 0.23, 0.27, 0.335) \begin{bmatrix} 0 & 0.2 & 0.5 & 0.3 & 0 \\ 0.4 & 0.5 & 0.1 & 0 & 0 \\ 0 & 0.2 & 0.6 & 0.2 & 0 \\ 0 & 0.4 & 0.6 & 0 & 0 \end{bmatrix}$$

$$= (0.092, 0.336, 0.4685, 0.1035, 0)$$

由前面计算出的盈利能力指标权重 $B_4 = (0.155, 0.285, 0.31, 0.25)$ 和隶属度，可以得到模糊子集。

由此可得模糊综合评价：

$$\beta_4 = B_4 \times R_4$$

$$= (0.155, 0.285, 0.31, 0.25) \begin{bmatrix} 0 & 0.1 & 0.5 & 0.4 & 0 \\ 0 & 0.2 & 0.4 & 0.4 & 0 \\ 0 & 0.1 & 0.4 & 0.5 & 0 \\ 0 & 0.2 & 0.5 & 0.3 & 0 \end{bmatrix}$$

$$= (0, 0.1535, 0.4405, 0.406, 0)$$

由前面计算出的现金流量能力指标权重 $B_5 = (0.15, 0.19, 0.315, 0.345)$ 和隶属度，可以得到模糊子集。

由此可得模糊综合评价：

$$\beta_5 = B_5 \times R_5$$

$$= (0.15, 0.19, 0.315, 0.345) \begin{bmatrix} 0 & 0.2 & 0.6 & 0.2 & 0 \\ 0.2 & 0.4 & 0.4 & 0 & 0 \\ 0 & 0.2 & 0.5 & 0.3 & 0 \\ 0 & 0.2 & 0.4 & 0.3 & 0.1 \end{bmatrix}$$

$$= (0.038, 0.238, 0.4615, 0.228, 0.0345)$$

由计算可得，SDGOLD 集团一级模糊综合评价集具体如表 6 – 27 所示。

表 6 – 27　　　　　　　　一级模糊综合评价集

	很安全	安全	一般	危险	很危险
偿债能力	0.096	0.2115	0.2675	0.2735	0.1515
发展能力	0.1025	0.31	0.437	0.1505	0
营运能力	0.092	0.336	0.4685	0.1035	0
盈利能力	0	0.1535	0.4405	0.406	0
现金流量能力	0.038	0.238	0.4615	0.228	0.0345

6.3.4　二级模糊综合评价

二级模糊综合评价是对处于第一层次的一级指标对评价对象的影响进行综合评价。利用专家评分法，请 10 位专家分别对每个评价对象进行评价，可以得出偿债能力、发展能力、营运能力、盈利能力和现金流量能力在综合评价的二级指标所对应的权重集 $A = (0.27, 0.125, 0.145, 0.235, 0.225)$。

二级模糊综合评价的评价矩阵为 $P = (P_1, P_2, P_3, P_4, P_5)$，得到第二层模糊评价矩阵 P，再根据公式 $P = A\beta = (P_1, P_2, P_3,$

P_4, P_5) 求出二级模糊综合评价集，并得出最终的评价结果。

$$P = A\beta = (0.27 \quad 0.125 \quad 0.145 \quad 0.235 \quad 0.225)$$

$$\begin{bmatrix} 0.096 & 0.2115 & 0.2675 & 0.2735 & 0.1515 \\ 0.1025 & 0.31 & 0.437 & 0.1505 & 0 \\ 0.092 & 0.336 & 0.4685 & 0.1035 & 0 \\ 0 & 0.1535 & 0.4405 & 0.406 & 0 \\ 0.038 & 0.238 & 0.4615 & 0.228 & 0.0345 \end{bmatrix}$$

$$= (0.0606, 0.2342, 0.4021, 0.2544, 0.0487)$$

6.3.5　模糊综合评价结论

SDGOLD 集团 2012 年财务风险评估最终结果如表 6 – 28 所示。

表 6 – 28　　　　　　　最终的评价结果

隶属度结构					评价结果
很安全	安全	一般	危险	很危险	
0.0606	0.2342	0.4021	0.2544	0.0487	一般

表 6 – 18 显示，有 40.21% 的把握说明 SDGOLD 集团的财务风险隶属于"一般"层次，有 23.42% 的把握说明 SDGOLD 集团财务风险为"安全"状态，有 25.44% 的把握说明 SDGOLD 集团财务风险隶属于"危险"层次，有 6.06% 的把握说明 SDGOLD 集团财务风险为"很安全"状态，有 4.87% 的把握说明 SDGOLD 集团财务风险隶属于"很危险"层次。综上所述，根据最大隶属度原则，可以说 SDGOLD 集团司的财务风险处于"一般"层级，但是需要制定相应的对策，以此来防范和化解财务风险。

6.3.6　金融管控实证研究结论

2011 年 SDGOLD 集团经营活动、投资活动与筹资活动净现金流量分别为 22 亿元、−41 亿元、21 亿元。2012 年 SDGOLD 集团经营活动、投资活动与筹资活动净现金流量分别为 22 亿元、−123 亿元、130 亿元。经营活动现金远远不能满足资源扩张和项目建设的需要，2009—2012 年年缺口达 175 亿元。由于企业经营活动产生的现金净流量无法满足公司投资增长需要，在无法进行权益性融资的情况下，对于投资需求与内源性融资之间的缺口，只能通过债务性融资支撑。2009—2012 年集团筹资活动产生净现金流量共 207 亿元，有效地满足了集团发展的资金需求。各大银行对集团的授信总额超过 700 亿元；集团融资总额 300 亿元。

SDGOLD 集团高速扩张，自身经营性活动产生的现金流量无法满足资源扩张和项目建设的需要，同时集团对黄金和有色矿山的投资需要 4 年左右才产生收入，存在集团投资周期长与融资资金使用周期短的矛盾。集团投资规模不断扩大，导致集团投资规模、运营收益和融资能力三者的平衡更依赖于集团金融管控的支持，需要集团进一步加强资金集中管理，合理调配资金，最大限度地降低对外融资需求；需要集团统一对外融资，依靠集团的信誉扩大融资规模，凭借集团的议价能力降低融资成本。2012 年进一步扩大了资金归集的范围，新并购企业、省外企业资金实现统一归集，纳入集团资金池管理。2012 年 1—9 月，集团资金池日均余额 6.27 亿元，日均资金归集率 60%，有效地保证了集团的资金需求。通过提高与金融机构的合作层次、合作深度和提高信用评级，在人民银行降息之后，所做贷款利率均在基准利率基础上下浮5%，有效地降低了集团的整体融资成本。在充分利用传统金融工具融资的基础上，扩大创新型金融工具的应用。积极与各大银行、信托公司、证券公司等金融机构沟通交流，创新融资方式，拓宽融资渠道，2012年通过中期票据、企业债、短期融资券、黄金租赁等方式融资84亿元，年节约利息支出1亿元。一是成功发行私募票据。3月发行首期私募票据25亿元，发行利率为同期同级别最低发行利率6.06%，低于同期贷款利率0.5个百分点。私募票据的发行不仅为集团未来发展开辟了新的融资渠道，提供了低成本的资金，并且有利于树立集团良好的资本市场形象，为后续资本市场融资奠定良好的基础。二是开展黄金租赁业务。截至2012年11月，累计租入黄金8576千克，实际融入资金19.97亿元，已归还黄金2717千克。累计买入黄金远期174162盎司，预计可实现套期保值收益6000万元。黄金租赁合约平均年租赁费率约3.58%，套期保值后实际租赁费率不高于2%。如果没有集团金融管控的支撑，在巨额资金需求面前集团陷入财务危机的风险激增。而模糊综合评价结论显示，集团财务风险处于"一般"层级，集团金融管控在调整资本结构、降低财务风险方面的作用凸显。

6.3.7 小结

运用综合模糊评价法评价SDGOLD集团的财务风险，以偿债能力指标、发展能力指标、营运能力指标、盈利能力指标和现金流量能力指标五个方面构建评价模型，评价结果表明SDGOLD集团的财务风险处于"一般"层级。在SDGOLD集团高速扩张，自身经营性活动产生的现金流量无法满足资源扩张和项目建设需要的背景下，集团财务风险能够控制在一般层级，金融管控在调整资本结构、降低财务风险方面的作用凸显。

第 7 章　总结与展望

本书以 SDGOLD 集团为具体研究对象,对其资金管控、融资管控、资本运营管控、金融投资管控进行了实证研究。本章将总结全文,对本书研究的主要结论进行回顾和提炼,并对研究局限进行说明,指出需要进一步研究的问题。本章包括三部分内容:第一部分对本书的主要研究结论进行概括;第二部分根据 SD-GOLD 集团金融管控实践和效用总结出给集团公司金融管控发展的启示;第三部分指出本书存在的研究局限并明确以后的研究方向。

7.1　研究结论

伴随着经济金融化、企业集团化、产融融合趋势,集团公司金融资源的内部配置问题日益重要。寻找一种高效的金融管控模式来支撑集团金融资源配置的需要,成为企业集团发展过程中必须面临的课题。

本书的主要观点和结论如下:

1. 实证研究结果表明,SDGOLD 集团金融管控经历了由分散走向集中的演变历程,集中型的金融管控在一定程度上提高了金融业务的效率，提升了价值创造能力，降低了集团的整体风险，但在发挥协同效应等方面尚需改进。金融管控对价值创造能力的提升有着显著的正向作用。

在资金管控方面，SDGOLD 集团经历了分散管理、资金结算中心、财务公司三个阶段，资金管控集中度不断提高，资金管控的模式不断优化。财务公司的成立，将有助于解决其他模式无法解决的下属上市公司的资金归集问题，将在更大的范围内实现资金集中管理，并且财务公司将会逐步具备在货币市场、资本市场的融资功能，资金管控的效益会大幅提升。

在融资管控方面，SDGOLD 集团经历了分权管理、集权管理、混合管理三个阶段。在集权管理阶段，融资决策权和执行权高度集中在集团总部，能够有效扩大融资规模、降低融资成本率，但也带来了不考虑资金来源、资产负债率、资金成本等问题，导致各单位竞相争夺集团有限的资金。由于融资风险与收益的失衡，造成集团资产负债率和资金成本居高不下，带来了短融长投等财务风险。随后对融资管控模式进行了调整，集团总部主要负责融资决策和重大融资的执行，所属企业承担起融资执行的责任。

SDGOLD 集团的资本运营管控对扩大经营规模、提高盈利能力起到了显著推动作用，尤其是黄金资产整体上市大幅提升了企业的竞争能力。但 SDGOLD 集团资本运营存在平台不完善、资本市场利用效率不高、直接融资空间受限等诸多问题，下一步要大力提高资本配置效率和资产证券化水平。

在金融投资管控方面，SDGOLD 集团出于做大做强主业、推进资源整合、降低交易成本等因素考虑推进金融投资管控。但面临人才匮乏、风险管控能力不强等困难。SDGOLD 集团金融投资管控的目标就是将集团的产业与金融资本相融合，通过建设统一的黄金交易平台、风险管理平台、黄金投资平台、矿业投资基金和金融股权投资管理平台来实现金融投资的统一运作和集中管理。

本书运用统计分析工具和经济增加值指标对金融管控前后价值创造能力的变化进行实证研究。采用因子分析法研究金融管控在提升价值创造能力上的效应，分析结果表明，SDGOLD 集团在实施金融管控后，在同行业中价值创造能力地位明显提升，特别是资源规模指标和成长能力指标表现突出，金融管控对其资源并购提供了强力金融支撑，但新并购资源的效益尚未充分发挥。应用价值增加值指标对 SDGOLD 集团的价值创造能力进行了纵向比较分析，比较结果表明，SDGOLD 集团的价值创造能力 2012 年较 2008 年大幅提升。

运用综合模糊评价法对 SDGOLD 集团的财务风险进行了评价，评价结果表明 SDGOLD 集团的财务风险处于"一般"层级。在 SDGOLD 集团高速扩张、大量举债的背景下，集团财务风险能够控制在一般层级，反映出金融管控在调整资本结构、降低财务风险方面存在一定成效。

2. 在经济金融化和矿业产业大整合的背景下，集团公司尤其是矿业类集团公司加强金融管控已经成为趋势，但选择何种分权、集权或者混合模式需要综合考虑集团的管理架构、发展阶段等因素。

没有一成不变、普遍适用的金融管控模式，集分权程度的选择，需要遵循权变原则，坚持市场化和效率平衡导向，根据内外环境变化动态调整发展，金融要为实业提供服务，促进实业的健康快速发展。比如 SDGOLD 集团在经过规模扩张阶段以后，对融资管控模式及时作出了调整。

7.2　管理启示

通过对集团公司金融管控效应的研究，特别是对 SDGOLD 集团金融管控的发展历程和实践做法的分析，对集团公司金融管控提出如下建议：

1. 集团公司必须强化企业内部资本市场的运作

内部资本市场存在多钱效应和活钱效应，集团公司内部资本市场能够降低交易成本、提高资金配置效率。集团公司需要结合自身发展战略、发展阶段选择适合的资金管控、融资管控模式。对于设立财务公司的企业集团，应大力拓展财务公司的业务范围，不能仅仅定位在内向式的资金余缺调剂上，要通过负债业务、资产业务、表外业务的创新，增强融资能力，扩大发展空间，逐步向外向型的金融机构发展。

2. 金融控股公司是金融管控平台的发展方向

一般认为，多元化金融服务的组织形式主要有三类：（1）综合银行模式；（2）母公司银行、子公司非银行模式；（3）控股公司模式。金融控股公司的优势就是能够产生协同效应、规模经济，能够营造一个强大的内部资本市场。金融行业各子行业之间存在较强的互补性和关联性，金融控股公司模式能够发挥品牌、客户、信息、营销网络等方面的协同优势，能够降低经营成本。黄强（2013）对 16 家商业银行的技术效率、全要素生产率及技术进步状况进行了实证分析，结果表明：金控银行的技术效率和纯技术效率平均水平高于非金控银行平均水平。金融控股公司能够提高资金转移的效率，因此 SDGOLD 集团未来金融投资管控的模式，应当选择 SDGOLD 金控资本管理有限公司为金融管控平台，逐步发展成为纯粹型金融控股公司。

2004 年人民银行调查结果显示，中国事实上存在金融控股公司（陶玲，2006）。谢平（2004）根据其发展途径和来源将中国的金融控股公司分为四类：非银行金融机构发展而来的金融控股公司、国有商业银行发展而来的金融控股公司、企业集团发展而来的金融控股公司、地方金融机构整合而来的金融控股公司。国内外大型产业集团的金融控股公司已经粗具规模，表明产业资本与金融资本的融合已经由过去的投资入股转向将金融作为一个产业来发展。未来，国内矿业企业集团将逐步介入金融领域，积极探索产融结合的途径和方式，形成一批实业控股金融公司。

3. 发展模式必须由规模为导向转为价值创造导向

以规模为导向的发展模式并不一定能够提高企业的价值创造能力。本书实证研究中，发现 SDGOLD 集团价值创造能力的提升主要源于发展速度，而效益因素得分较低。从长期来看，企业价值创造能力最终要靠企业的经济效益，取决于企业的盈利能力。

7.3　研究展望

1. 本书的局限性

尽管本书对集团金融管控及其效应进行了深入的研究，但由于时间、能力和条件的制约，还存在以下不足：

（1）样本的选择不足。对 SDGOLD 集团实施金融管控的效应进行研究时，由于受到行业限制，仅能选取四家同行业上市公司进行比较研究。

（2）价值创造评价体系的搭建不够完善。由于数据来源限制，以财务指标为主搭建了价值创造评价体系，对非财务指标考虑过少。而财务指标主要是对过去价值创造的一个反映，非财务指标对未来价值创造能力的影响更大。在采用 EVA 指标评估企业价值创造能力时，在资金成本率的选择上，采用了简易的方法。

2. 进一步的研究方向

SDGOLD 集团财务公司 2013 年下半年才正式开业，其经济效应尚未体现。其金融运作平台也刚刚起步。随着财务公司和金融运作平台的发展，金融管控对集团价值创造能力的提升和财务风险控制方面的效应将会逐步释放。笔者将在现有研究的基础上持续跟踪，对金融管控效应作出更充分的实证分析。

实业企业为主体的金融控股公司如何实现与产业的有机融合，其发展模式、发展路径如何选择，其治理模式、组织模式、内控模式如何完善，这些都是未来值得深入研究的课题。

参考文献

［1］王吉鹏．集团管控（第二版）［M］．北京：中信出版社，2008.

［2］姚小涛，席酉民．环境变革中的企业与企业集团［M］．北京：机械工业出版社，2002.

［3］魏东海．论企业集团的组织经济性［J］．南方经济，1997（5）．

［4］熊德平．农村金融与农村经济协调发展研究［M］．北京：社会科学文献出版社，2009.

［5］刘有贵，蒋年云．委托代理述评［J］．学术界，2006（1）：69 – 78.

［6］杨瑞龙．企业理论：现代观点［M］．北京：中国人民大学出版社，2005.

［7］张维迎．博弈论与信息经济学［M］．上海：上海人民出版社，1996.

［8］张维迎．企业的企业家：契约理论［M］．上海：上海人民出版社，1995.

［9］周继军．企业内部控制与管理者代理问题研究［D］．武汉：华中科技大学，2011.

［10］肖建勇．企业集团资金集中管理研究［D］．财政部财政科学研究所，2010．

［11］科斯．论生产的制度结构［M］．上海：三联书店，1994．

［12］科斯．财产权利与制度变迁［M］．上海：三联书店，1994．

［13］O. E. Williamson. Antitrust Economics：Mergers, Contracting, and Strategic Behavior［M］．北京：经济科学出版社，1999．

［14］O. E. Williamson. The Mechanisms of Governance［M］．北京：中国社会科学出版社，2001．

［15］O. E. Williamson. The Economic Institutions of Capitalism：Free Press［M］．北京：商务印书馆，2002．

［16］张五常．经济解释［M］．北京：商务印书馆，2015．

［17］诺斯．制度、制度变迁与经济绩效［M］．上海：三联书店，1994．

［18］汪丁丁．从交易成本到博弈均衡［J］．经济研究，1995（9）．

［19］埃里克·弗鲁博顿，鲁道夫·芮切特．新制度经济学——一个交易成本分析范式［M］．上海：三联书店，2006．

［20］巴泽尔．产权的经济学分析［M］．上海：上海人民出版社，1997．

［21］杨小凯．经济学原理［M］．北京：中国社会科学出版社，1998．

［22］缪仁炳，陈志昂．中国交易费用与经济增长关系实证

分析［J］. 统计研究，2002（8）.

　　［23］金玉国. 中国交易费用水平的地区差异及其形成机制［J］. 当代财经，2005（6）.

　　［24］劳泰艳. 中国宏观交易成本变动分析［D］. 西安：西北大学，2007.

　　［25］邓倩. 交易成本的界定、测度与实证研究［D］. 成都：西南财经大学，2009.

　　［26］周业安，韩梅. 上市公司内部资本市场研究［J］. 管理世界，2003（11）.

　　［27］曾亚敏，张俊生. 中国上市公司股权收购动因研究：构建内部资本市场抑或滥用自由现金流［J］. 世界经济，2005（2）.

　　［28］林旭东等. 企业集团内部资本市场的代理建模研究［J］. 深圳大学学报理工版，2003（1）.

　　［29］阿尔弗洛德·拉帕波特. 创造股东价值［M］. 云南：云南人民出版社，2002.

　　［30］蒋茵. 企业价值与企业价值报告［J］. 中南财经政法大学学报，2003（1）.

　　［31］尹美群. 价值链与价值评估［M］. 北京：中国人民大学出版社，2008.

　　［32］杜胜利. CFO管理前沿：价值管理系统框架模型［M］. 北京：中信出版社，2003.

　　［33］汤谷良，林长泉. 打造VBM框架下的价值型财务管理模式［J］. 会计研究，2003（12）.

　　［34］罗菲. 基于价值的管理研究［D］. 大连：东北财经大

学，2007.

[35] R. 爱德华·弗里曼. 战略管理：利益相关者方法[M]. 上海：上海译文出版社，2006.

[36] 王乃静. 现代制造业中的全面价值管理 [J]. 管理评论，2005（1）.

[37] 迈克尔·波特. 竞争优势 [M]. 北京：华夏出版社，2005.

[38] 亚德里安·斯莱沃斯基. 发现利润区 [M]. 北京：中信出版社，2007.

[39] 大卫·鲍维特. 价值网 [M]. 北京：人民邮电出版社，2000.

[40] 牛成哲，李秀芬，张平. 基于价值链思想的企业资金管理研究 [J]. 社科纵横，2005（6）.

[41] 王斌，张延波. 企业集团财务企业集团财务 [M]. 北京：高等教育出版社，2000.

[42] 孙静芹. 集团公司资金集中管理研究 [M]. 北京：中国经济出版社，2004.

[43] 王月欣. 现代企业集团财务控制研究 [M]. 北京：经济科学出版社，2004.

[44] 袁琳，胡德芳. 结算中心案例研究 [M]. 北京：经济科学出版社，2004.

[45] 赵轶群，董志军. 企业资金管理模式初探 [J]. 冶金财会，2004（8）.

[46] 章新蓉. 企业集团在实施资金管理的新模式 [J]. 企业活力，2005（10）.

［47］傅丽娟．集团型企业资金集中管理与企业银行［J］．海南金融，2005（10）．

［48］汤谷良．现金池：集团内部资本运作利器［J］．新理财，2007（10）．

［49］中国人民银行非银司和国家经贸委企业改革司财务公司经营管理［M］，1998.

［50］杜胜利，王宏淼．财务公司——企业金融功能与内部金融服务体系之构建［M］．北京：北京大学出版社，2001.

［51］罗筠．企业集团财务公司现状分析及未来发展探究［J］．曲靖师范学院学报，2012（1）．

［52］余洁．国有大型集团公司资金集中管理研究［J］．财经界，2007（1）．

［53］于革委．基于内部资本市场理论的企业集团资金集中管理［J］．理财广场，2007（7）．

［54］刘园．商业银行现金池业务在集团资金管理中的运用［D］．北京：对外经济贸易大学，2009.

［55］刘培．浅谈企业集团的资金集中管理［J］．中国乡镇企业会计，2011（6）．

［56］柳虹．企业集团要选择适合的资金集中管理方式［J］．经济杂志，2013（1）．

［57］田厚广．如何加强集团公司的资金管理［J］．中国外资，2011（8）．

［58］陈文颖．浅谈我国集团企业资金管理目标、层次、策略和模式［J］．经营管理者，2010（15）．

［59］王美英，吴豪．企业集团资源资源整合研究［M］．北

京：中国金融出版社，2010.

［60］赵静丽．浅谈资金管理［J］．学术理论与探索，2007
（8）．

［61］宋政．有关集团公司资金集中管理模式的探析［J］．
中国总会计师，2011（4）．

［62］廖衍杰．我国企业资金管理模式比较［J］．科技信息，
2010（18）．

［63］冯巧根．资金控制管理模式的选择与应用［J］．财会
通讯，2006（7）．

［64］袁琳．集团公司的财务控制与会计管理［M］．北京：
中国人民公安大学出版社，1999.

［65］郭旺．企业集团内部资本市场研究［D］．长沙：中南
大学，2004.

［66］赵立刚．开展网络结算业务促进鞍钢集团资金集中管
理［J］．理论界，2006（8）：62－68.

［67］王浩明．解密资金管理模式的选择［J］．中国外汇管
理，2005（5）：18－25.

［68］邹莹．试论如何加强企业集团资金管理［J］．会计之
友，2009（16）．

［69］黄蓉．浅析完善企业集团资金集中管理的对策［J］．
价值工程，2010（29）．

［70］张耕燕．如何加强企业资金管理［J］．黑龙江财
会，2002.

［71］李伟．国内外财务公司比较研究［J］．财会月刊（理
论），2006（2）：41.

［72］黎曦，陈兴述．浅议美国与中国财务公司差异及其对我国的借鉴［J］．山东商业会计，2010（4）．

［73］棘军．浅析财务公司在企业集团资金管理中的定位［J］．现代经济信息，2010（17）．

［74］杜胜利．国际财务公司的发展趋势与海尔财务公司的发展模式［J］．会计研究，2006（9）．

［75］刘秀春．企业集团资金集约管理的战略选择［J］．经济导刊，2007（9）．

［76］靳磊．企业集团财务公司产生的动因分［J］．会计之友（中旬刊），2009（10）．

［77］中国财协课题组．关于中国财务公司的定位、发展与政策支持建议［R］．中国财务公司协会，2004.

［78］中国财务公司协会．中国企业集团财务公司年鉴2012［M］．北京：中国金融出版社，2012.

［79］杜胜利，王宏淼．财务公司——企业金融功能与内部金融服务体系之构建［M］．北京：北京大学出版社，2001.

［80］林非园．问道产业金融——中国财务公司功能及发展研究［M］．北京：中国经济出版社，2013.

［81］王国梁．中国石油天然气集团公司财务集中管理［R］．中国首席财务官论坛，2008.

［82］袁卫秋．我国财务公司的发展现状及对策研究［J］．财会月刊，2009（12）．

［83］谈香如．企业集团财务公司面临的问题及对策［J］．财经理论与实践，2005（7）．

［84］柯宝红．我国集团财务公司面临的问题及对策［J］．

中国商界，2010（2）.

［85］王增业．西门子财务公司的资金管理特点及启示［J］.会计师，2007（1）.

［86］贾香萍．企业集团融资管理及绩效研究［M］.北京：社会科学文献出版社，2008.

［87］中国矿业融资培训与研究项目组．中国矿业融资［M］.北京：中国大地出版社，2004.

［88］陈明舞．中国资本运营问题报告［M］.北京：中国发展出版社，2003.

［89］张雪雁，王文兵．我国企业资本运作问题浅析［J］.新财经，2011.

［90］周维秀．试论资本运营与生产经营［J］.管理世界，2002.

［91］陈斌．龙源电力集团股份有限公司资本运营模式研究［D］.北京：华北电力大学，2011.

［92］黄清．国有企业整体上市研究——国有企业分拆上市和整体上市模式的案例分析［J］.管理世界，2004.

［93］J.弗雷德，威斯通等．兼并、重组与公司控制［M］.北京：经济科学出版社，1999.

［94］薛有志．并购与企业高成长［M］.天津：南开大学出版社，2006.

［95］张志元，雷瑕．分级行使产权体制下国有资本运营与管理模式选择［J］.国有资产管理，2004（8）.

［96］祝合良，刘山恩，许贵阳．黄金市场投资精要［M］.北京：经济管理出版社，2012.

［97］杨国彬．中美企业绩效评价指标的几点比较［J］．重庆工学院学报，2001（2）：23－24.

［98］王华成，刘俊勇，孙巍．企业绩效评价研究［M］．北京：中国人民大学出版社，2004.

［99］赵晓秋．以加强集团财务管控推进企业集团管理［J］．中国乡镇企业会计，2014（4）：110－111.

［100］张冬梅．现代化的财务管控手段在企业集团经营发展中的作用［J］．财经界（学术版），2014（9）：172－174.

［101］蒋锡麟，钢铁产业金融化趋势及钢铁企业的对策［J］．北大纵横，2010（11）.

［102］赖小民．后危机时代金融控股公司模式选择研究［M］．北京：中国金融出版社，2013.

［103］侯华丽，王燕东．我国黄金产业未来发展趋势及对策［J］．中国矿业，2010（10）.

［104］李廷赫．集团企业资金集中管理的策略［J］．会计之友，2006（12）.

［105］姚升宇．企业集团实施资金集中管理的必要性可行模式及对策分析［J］．时代经贸，2007（10）.

［106］刘刚．企业融资模式的国际比较及启示［J］．商业研究，2005（16）：34－35.

［107］程前．我国矿业创新融资模式研究［D］．中国地质大学硕士学位论文，2010.

［108］何锋等．资产证券化：中国的模式［M］．北京：北京大学出版社，2002.

［109］余思勤，肖义勇．用因子分析法评价我国交通运输业

发展总体状况 ［J］. 上海统计, 2002 (3) .

［110］何品杰. 基于经济增加值的国内券商资本配置绩效评价研究 ［D］. 南京: 南京理工大学, 2004.

［111］刘希成, 王慧. 我国现行会计准则下 EVA 计算解析 ［J］. 财会月刊, 2008 (34) .

［112］黄强. 中国金融控股公司发展模式研究: 基于效率与风险视角 ［M］. 北京: 中国金融出版社, 2013.

［113］陶玲, 我国金融控股公司的现状、问题和规范 ［J］. 金融纵横, 2006 (9) .

［114］谢平. 金融控股公司监管与发展 ［M］. 北京: 中信出版社, 2004.

［115］Wilson R. The Structure of Incentives for Decentralization under Uncertainty ［D］. La Decision, 1963 (171) .

［116］Spence M. , Zeckhauser R. . Insurance, Information, and Individual Action ［J］. American Economic Review, 1971 (2): 552 – 579.

［117］Ross S. The Economic Theory of Agency: The Principal's Problem ［J］. American Economic Review, 1973 (63): 134 – 139.

［118］Mirrlees, J. A. The Theory of Moral Hazard and Unobservable Behavior, Part I. Mimeo ［M］. Oxford, United Kingdom: Nuffield College, Oxford University, 1979.

［119］Holmstrom B. Moral Hazard and Observability ［J］. Bell Journal of Economics, 1979 (1): 74 – 91.

［120］Grossman S. , O. D. Hart. An Analysis of the Principal – Agent Problem ［J］. Econometrica, 1983 (1): 7 – 46.

[121] M. C. Jensen, W. Meckling. Theory of the firm: Managerial Behavior, Agency Costs and Ownership Structure [J]. Journal of Financial Economics, 1976 (3): 305 - 360.

[122] Wilson R. The Structure of Incentives for Decentralization under Uncertainty [D]. La Decision, 1963 (171).

[123] Armen A Alchian, Harold Demsetz. Production, Information Costs, and Economic Organization [J]. The American Economic Review, 1972 (5): 777 - 795.

[124] Michael C Jensen. Agency Costs of Free Cash Flow, Corporate Finance, and Takeovers [J]. The American Economic Review, 1986 (2): 323 - 329.

[125] Arrow, K. J. The Organization of Economic Activity: Issues Pertinent to the Choice of Market Versus Non - market Allocation, 1969.

[126] O. E. Williamson. Markets and Hierarehies: The Free Press ADivision of Macmillan Publishing Co. Inc, 1975.

[127] O. E. Williamson. Transaction Cost Economics : The Governanceof Contractual Relations [J]. Journal of Lawand Economics, 1979 (10): 22, 233 ~ 2611.

[128] O. E. Williamson. The Lens of Contract : Private Ordering [J]. American Economic Review, 2002 (92): 438 ~ 443.

[129] Ghertman. Michel. Measuring Macro - Economic Transaction Cost: A Comparative Perspective and Possible Policy Implication [R]. Paris, 1998.

[130] Richardson, G. B. Information and investment [M].

Oxford University Press, 1960.

[131] Alchian, A.. Corporate Management and Property Rights, in Henry Manne ed., Economic Policy and the Regulation of Corporate Securities, Washington, D. C. American Enterprise Institute, 1969.

[132] Williamson, Oliver E.. Markets and Hierarchies: analysis and antitrust implication [M]. New York: Free Press, 1975.

[133] Myers, S. C., N. C. Majluf.. Corporate Financing and Investment Decisions When Firms Have Information That Investors Do Not Have [J]. Journal of Financial Economics, 1984 (13): 187 – 222.

[134] Shin, H., Park, Y. S.. Financing Constrains and Internal Capital Markets: Evidence from Korean Chaebols [J]. Journal of Corporate Finance, 1999, 5: 161 – 191.

[135] Khanna, T., and Palepu, K.. Is Group Affiliation Profitable in Emerging Market? An Analysis of Diversified Indian Business Group [J]. Journal of Finance, 2000, 55: 867 – 891.

[136] Perotti, E., Gelfer, S.. Red Barons or Robber Barons? Governance and Investment in Russian Financial – Industrial Group [J]. European Economic Review, 2001, 45: 1601 – 1617.

[137] Castaneda, Gonzalo. Internal Capital Markets and Financing Choices of Mexican Firms Before and During the Financial Paralysis of 1995 – 2000 [R]. Research Network Paper, 2002.

[138] Samphantharak, K.. Internal Capital Markets in Business Groups [R]. Working Paper, University of Chicago, 2003.

[139] Internal Capital Markets: Evidence from the Turkish Bus-

iness Groups [R]. EFMA Basel Meetings Paper.

[140] Lins, K. , Servaes, H. . Is Corporate Diversification Beneficial in Merging Markets [J]. Financial Management, 2002: 5 – 31.

[141] Gertner, R. H. , D. S. Scharfstein, and J. C. Stein. Internal versus External Capital Markets [J]. Quarterly Journal of Economics, 1994 (109): 1211 – 1230.

[142] Stein, J. C. . Internal Capital Markets and the Competition for Corporate Resources [J]. Journal of Finance, 1997, 52: 111 – 133.

[143] Stein, J. C. . Agency, Information, and Corporate Investment [R]. NBER Working Paper, 2001.

[144] Lamont, Owen. Cash Flow and Investment: Evidence from Internal Capital Markets [J]. Journal of Finance, 1997, 52: 83 – 109.

[145] Houston, J. , C. James, D. Marcus. Capital Market Frictions and the Role of Internal Capital Markets in Banking [J]. Journal of Financial Economics, 1997, 46: 135 – 164.

[146] Gautier, A. , Hamadi, M. . Internal Capital market Efficiency of Belgian Holding Companies [R]. IRES Discussion Papers, 2005.

[147] Shin, Hyun – Han, Stulz, René M. Are Internal Capital Markets Efficient. Quarterly Journal of Economics, 1998, 113: 531 – 552.

[148] Cestone, G. Fumagalli, C. . Winner – Picking or Cross –

Subsidization? The Strategic Impact of Resource Flexibility in Business Group [R]. CSEF Working Paper No. 93, Università di Salerno, 2003.

[149] Schnure, Calivin. Internal Capital Markets and Investment [R]. Working Paper—US Federal Reserve Board's Finance & Economic Discussion Series, 1997.

[150] Chevalier, Judith A.. What Do We Know About Cross – Subsidization? Evidence from the Investment Policies of Merging Firms [R]. Working Paper, University of Chicago GSB, 2000a.

[151] Chevalier, Judith A.. Why Do Firms Undertake Diversifying Mergers? An Analysis of the Investment Policies of Merging Firms [R]. Working Paper, University of Chicago and NBER, 2000b.

[152] Li, David, Shan Li. A Theory of Corporate Scope and Financial Structure [J]. Journal of Finance, 1996, 51: 691 – 709.

[153] Matsusaka, John G., Nanda, Vikram.. Internal Capital Markets and Corporate Refocusing [J]. Journal of Financial Intermediation, 2002, 11: 176 – 201.

[154] Wulf, Julie. Influence and inefficiency in the internal capital markets: theory and evidence [R]. Working Paper, The Wharton School University of Pennsylvania, 2002.

[155] Rajan, Raghuram, Servaes Henri, Zingales Luigi. The cost of diversity: the diversification discount and inefficient investment [R]. Journal of Finance, 2000, LV (1): 35 – 80.

[156] Scharfstein, D., J. Stein. The Dark Side of Internal Capital Markets: Divisional Rent – Seeking and Inefficient Investment

[R]. Journal of Finance, 2000, 55: 2537 -2564.

[157] Scharfstein, D.. The Dark Side of Internal Capital Markets II: Evidence from Diversified Conglomerates [R]. NEBR Working Paper No. 6352, 1998.

[158] Berger, P., E. Ofek. Diversification's Effect on Firm Value [J]. Journal of Financial Economics, 1995, 37: 39 -65.

[159] Lewellen, W. G.. A Pure Financial Rationale for the Conglomerate Merger [J]. Journal of Finance, 1971, 26: 521 -37.

[160] Inderst, R., H. M. Muller. Corporate Borrowing and Financing Constraints [R]. Working Paper, University College London, 2001.

[161] Comment, R., G. A. Jarrell. Corporate Focus and Stock Returns [J]. Journal of Financial Economics, 1995, 37: 67 -87.

[162] Meyer, M., P. Milgrom, Roberts. Organizational Prospects, Influence Costs, and Ownership Changes [J]. Journal of Economics and Management Strategy, 1992, 1: 9 -35.

[163] Milgrom, P.. Employment Contracts, Influence Activities, and Efficient Organization Design [J]. Journal of Political Economy, 1988, 96: 42 -60.

[164] Milgrom, P., J. Roberts. An Economic Approach to Influence Activities in Organizations [J]. American Journal of Sociology, 1988, 94: 154 -179.

[165] Shleifer, A., R. W. Vishny. Management Entrenchment: the Case of Manager Specific Investments [J]. Journal of Financial Economics, 1989, 25: 123 -139.

[166] Edlin, A. S. , J. E. Stiglitz. Discouraging Rivals: Managerial Rent Seeking and Economic Inefficiencies [J]. American Economic Review, 1995, 85: 1301 – 1312.

[167] Ozabas, Oguzhan. Integration, Organization Process and Allocation of Resources [R]. Working Paper, University of Southern California, 2003.

[168] Christopher D. Ittner, David F. Larcker. Assessing Empirical Research in Managerial Accounting: A Value – based Management Perspective [J]. Journal of Accounting and Economics, 2001 (32) .

[169] Copeland, Tom, Tim Koller and Jack Murrin. Valuation: Measuring and Managing the Value of Companies, 2nd edition [M]. Mckinsey & Company, Inc. USA : 22, 1994.

[170] Roger A. Morin, Sherry L. Jarrell. Driving Shareholder Value [M]. Mc Graw – Hill Ducation, 2002.

[171] Rainer Strack, Ulrich Villis. RAVE: Integrated Value Management for Customer, Human, Supplier and Invested Capital [M]. European Management Journal, 2002, 20 (2) .

[172] David Wheeler, Maria Sillanpää. The Stakeholder Corporation: The Body Shop, a Blueprint for Maximizing Stakeholder Value [J]. Pitman, 1997.

[173] AnitaM. M. Liu, Mei – yungLeung. Developing a Soft Value Management Model [J]. International Journal of Project Management, 2002, 20 (5) .

[174] Edward R. Freeman, Jeanne Liedtka. Stakeholder Capi-

talismand the Value Chain ［J］. European Management Journal, 1997, 15 (3) .

［175］ Andrew Davidson. Securitization: Structuring and Investment Analysis ［M］. John Wiley&Sons, Inc New York, 2003.

致　　谢

能够顺利完成博士学业，得益于学校各位老师及同学的支持和帮助，尤其是恩师赵息教授的悉心教导和帮助。本书的顺利完成与导师的悉心指导密不可分，从本书的选题到后来的论证写作，导师提出了很多非常有价值和中肯的指导意见。导师严谨治学的态度、渊博的知识和敏锐的学术洞察力使我深受启迪，激励我克服各种困难，完成了本书的研究。在此要向我的导师致以衷心的感谢和良好的祝愿。也要感谢管理学院其他老师的帮助，正是在他们的支持下，我才顺利完成本书的写作。

感谢我的同事宫雪、郑灿武、韩喆、陆欢在本书写作过程中给予的帮助，他们在资料收集和整理方面付出了艰辛的劳动。

另外，也要感谢我的家人，他们的理解和支持使我能够专注于学业，他们的爱与关怀是我在求学道路上不断进步的强大动力。

在本书的写作过程中，参考或引用了学界同人大量的研究成果，在此深表谢意。

最后，向对本书进行评审的各位专家表示衷心的感谢！